德意志的思想圣地
慕尼黑大学

王子安◎主编

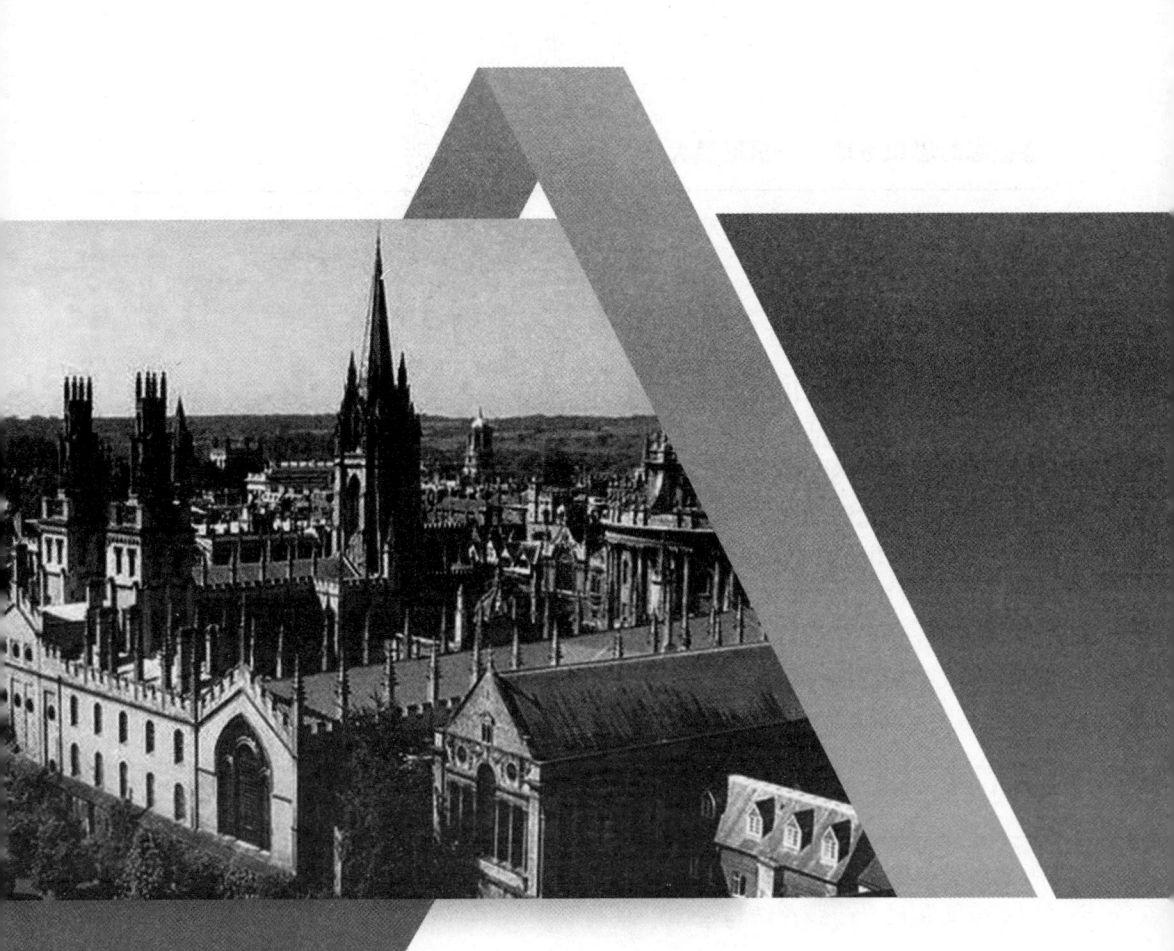

汕头大学出版社

图书在版编目（CIP）数据

德意志的思想圣地——慕尼黑大学 / 王子安主编. -- 汕头：汕头大学出版社，2012.4（2024.1重印）
ISBN 978-7-5658-0701-5

Ⅰ．①德… Ⅱ．①王… Ⅲ．①慕尼黑大学－概况 Ⅳ．①G649.516.8

中国版本图书馆CIP数据核字(2012)第066384号

德意志的思想圣地——慕尼黑大学

主　　编：王子安
责任编辑：胡开祥
责任技编：黄东生
封面设计：君阅天下
出版发行：汕头大学出版社
广东省汕头市汕头大学内　邮编：515063
电　　话：0754-82904613
印　　刷：河北浩润印刷有限公司
开　　本：710mm×1000mm　1/16
印　　张：11
字　　数：80千字
版　　次：2012年4月第1版
印　　次：2024年1月第2次印刷
定　　价：50.00元

ISBN 978-7-5658-0701-5

版权所有，翻版必究
如发现印装质量问题，请与承印厂联系退换

目 录

慕大风貌

几经沉浮香如故 …………………………………………… 3
科苑百花齐开放 …………………………………………… 13
追忆往事 …………………………………………………… 16
慕大前景 …………………………………………………… 29

谱写"正气歌"

反纳粹暴政的"白玫瑰"兄妹 …………………………… 33

科技英才

逆境中的欧姆 ……………………………………………… 41
开拓崭新化学园地 ………………………………………… 48
献身公共卫生事业 ………………………………………… 57

走进科学的殿堂

诺贝尔光芒

诲人不倦的伟大化学家 …………………………………… 63
一位险些包揽两项诺贝尔奖的科学家 …………………… 72
先天残疾的化学家 ………………………………………… 93
有机化学的开拓者 ………………………………………… 98
揭开未知射线的奥秘 ……………………………………… 101
量子论的奠基者 …………………………………………… 117
量子力学的开创者 ………………………………………… 129
物理天才泡利 ……………………………………………… 142
追逐蜜蜂的"舞蹈" ………………………………………… 153

华人风采

拯救纳粹集中营囚犯的"中国神医" ……………………… 159
中国抗生素事业的开拓者 ………………………………… 163

慕大风貌

德意志的思想圣地——慕尼黑大学

几经沉浮香如故

慕尼黑大学是德国政府首批三所精英大学之一，其他两所分别为慕尼黑工业大学和卡尔斯鲁厄大学。慕尼黑大学并不诞生在慕尼黑，而是出身于英戈尔施塔特。1472年，富有的巴伐利亚-兰茨胡特公爵路德维希大公得到教皇的应允，在英戈尔施塔特创建了巴伐利亚的第一所大

慕尼黑一景

学。那时正值德国历史上第二个创办大学的高峰期（1450—1550），实际上是在各自为政的诸侯领地上纷纷成立所谓的"国立大学"，以炫耀

巴黎大学

自己的政治权力，同时也是为了实现政治教育的自给自足。但不管路德维希大公当时是出于对科学的热爱，还是出于政治独立的考虑而创建了

维也纳大学

德意志的思想圣地——慕尼黑大学

该校，他的这一举动填补了当时巴伐利亚－弗兰肯－斯瓦本地区高校教育的空缺，也可谓意义深远。学校建立之初，校名就叫作"大学"。她仿照巴黎大学和维也纳大学的模式建立起来，学校内学院的设置，管理的方式以及教师的聘任都沿袭了巴黎大学和维也纳大学的传统，就连教师讲课的语言都是用的拉丁文。地理位置优越，交通设施便利的英戈尔施塔特在建校之初就吸引了800多名学生，但可能谁都不曾想到，这所大学在未来的500年中竟会三易其地，并发展成为德国最大的一所大学。

从1472年至1802年，慕尼黑大学在自己的第一故乡生活了300多年。早期，位于英戈尔施塔特的"大学"经历了德国历史上的人文主

马丁·路德·金　　　哥白尼　　　布鲁诺

义鼎盛期以及马丁·路德·金的宗教改革。人们开始以新的眼光审视世界，在大学里，这种情况更是突出。而那时的英戈尔施塔特大学的课堂和校舍都是借用的教堂和修道院，在这些地方宣传与天主教、基督教的教义背道而驰的哥白尼日心说或是布鲁诺的天文馆哲学观，都显得很不合适。而事实是，英戈尔施塔特大学并不拥护宗教改革，却是反对宗教改革的坚决力量，这和从1510年起就在英戈尔施塔特大学任教的神学家约翰·埃克——天主教忠实的信徒不无关系。同时，巴伐利亚公爵对

宗教改革也是持保守否定态度。政治决定必然影响到教育方针、教育原则和教学工作，一批对新教持赞成态度的学者自然得不到赏识和重用。在随后的200多年时间内，英戈尔施塔特大学还长期受天主教耶稣会的影响，思想与教育较为保守，是在天主教占统治地位的德国地区举足轻重的大学之一。

自1799年起，拿破仑率领的法国军队以不可阻挡之势围攻军事重镇英戈尔施塔特之后，英戈尔施塔特大学的形势相当严峻。或许是为了将学校从敌军的阵营里解救出来，也或许是为了摆脱天主教耶稣会保守势力的控制，许多教授学者建议迁址，但总是议而不决，直到1802年，当时身为选帝侯的马克西米利安·约瑟夫（1799—1806年为选帝侯；1806—1825年为国王）以法令的形式将学校从英戈尔施塔特迁到兰茨胡特的决议确定下来，从而结束了喋喋不休的争论，也为学校的发展开辟了一块新天地。首先，从某种意义上讲，这一迁址决定拯救了这所巴伐利亚地区最古老的大学，没有使它沦为拿破仑东征的牺牲品，而在同一时期，周围地区的大批高校不是被取缔关门，就是被降级为普通高中。其次，从"宗教的铁笼"（意指英戈尔施塔特）来到"迷人的田园"（意指兰茨胡特），改革的思想在这里终于可以顺畅地呼吸，大学在学科建设、科学研究和社会政治领域等都取得了相当的成绩，学生人数也迅速增长。虽然慕尼黑大学在自己的第二故乡并没有生活很长时间，从1802

拿破仑

德意志的思想圣地——慕尼黑大学

年至 1825 年，前后只有 20 多年的时间，但事实证明，这一决策在当时是明智而具有深远意义的。1825 至 1826 年间，在校人数已经达到 1000 名左右，是继莱比锡、格廷根、哈勒和柏林大学之后德国最大的一所大学。19 世纪初，为了纪念学校的创始人路德维希大公和后来的马克希米里安一世，这所学校改名为 Ludovieo Maximilianes（路德维希－马克希米里安大学），后来又将这个拉丁文的名字更改为德文的 Ludwig—Maximilians Universitaet Muenchen（路德维希·马克西米利安·慕尼黑大学），让后人永远纪念这两位曾起过举足轻重作用的大人物：前一位是学校的创办者和奠基者，后一位则是学校改革的推动者和资助者。

柏林大学

慕大风貌

随着时间的推移，兰茨胡特的局促、偏狭已无法满足学校生存发展的需要，不少的学者教授离开慕尼黑大学去寻找可以一展宏图的机遇和场所；学生的不满情绪也日益增长，聚会闹事常有发生。虽然，将学校迁到慕尼黑的呼声高涨，但这时的马克西米利安一世年事已高，对肇事者深感头痛，所以极力反对将这些惹是生非的学生引到皇室所在地来。这一局面在路德维希一世（1825—1848）即位之后才得以改观。他决定要将大学搬到慕尼黑来，他相信"全民素质的提高只能始自慕尼黑"，而慕尼黑将成为一流的科学技术和文化艺术的中心。他即位后的第一件事就是任命自己在兰茨胡特学习期间的好友——申克为新成立的文化部长，并委托他筹措、起草迁校事宜。1826年4月13日递交的正式申请马上得到了国王路德维希一世的批准。当年11月15日，"路德维希·马克西米利安·慕尼黑大学"在慕尼黑的米夏埃尔教堂举行了隆重的开校典礼，从此揭开了慕尼黑大学发展史上的新篇章。

路德维希一世对慕尼黑大学寄予了殷切的期望，他不顾大臣的极力

米夏埃尔教堂

德意志的思想圣地——慕尼黑大学

反对，投入巨资建设以路德维希大街为中轴线的文化区：国家图书馆、贵族淑女学校、盲人学院。他为大学设计的宏伟蓝图是：学校要有能容纳600～1000人的大礼堂，要有能容纳50～300人的大教室，各个学院均要超出现有规模。1840年，气势不凡的大学主楼（建筑师：弗里德里希·封·盖特纳）终于落成，并启动使用。国王路德维希一世遵循着自己的理想，努力将慕尼黑建设成为德国的"拉丁文化区"。他曾将一批著名教授网罗在慕尼黑大学的门下，学校因而迅速发展成为德国重要的学术中心。特别是经过1830年法国大革命、1848年欧洲大革命的洗礼，校园内争取教学自由的空气日益浓厚。这一时期，人文科学、神学、自然科学和法律等传统学科在一批学科带头人的带领下，均有不同程度的发展。

1871—1873年，德国经济的繁荣带动了学术领域的专业化分工和研究。慕尼黑大学内发生了翻天覆地的变化：一系列新兴学科项目纷纷创建，新的研究机构、诊所、院系相继成立，教学科研人数剧增，学生人数也呈直线上升趋势，从1876年至1900年，学生人数增长到4600名，而到第一次世界大战爆发之前，在校学生已将近7000名。1870至1920年的50年间，慕尼黑大学的医学、自然科学以及人文科学较完善的学科体系得以逐渐形成。例如，以原有的"伊萨河左岸"市医院为中心，在泽得灵根城门一带，大学的医院区迅速蓬勃发展：1855年成立了生理学院，1853/

路德维希一世

慕大风貌

走进科学的殿堂

1856 年成立了产科医院，1874 年成立了病理学院，1878 年成立了医学临床学院，1879 年成立了医药保健学院，1891 年成立了外科医院，1893 年成立了药理学院；二十世纪交接之际又有一批医院相继落成：精神病院、眼科诊所和牙科诊所等等。1905/1908 年建成的解剖学院风格独特，气势庞大；1913 年，兽医学校合并入慕尼黑大学，一战之初，第一所妇女医院也正式落成。慕尼黑大学在现代医学方面取得了具有开路先锋性质的辉煌成就，对公共卫生事业和社会生活产生了深刻的影响，并在一定程度上加速了其他学科领域的发展。

19 世纪末 20 世纪初，虽然还存在各种障碍，但是学校的大门也开始对妇女敞开。阿黛拉·哈特曼是巴伐利亚州一位官员的女儿，在社会

慕大风貌

慕尼黑大学

环境尚不成熟的条件下完成了全部学业,成为德国历史上第一位编制外女讲师。1927年,慕尼黑大学出了第一位法学女博士,1928年出了第一位兽医学女博士。

随着纳粹的极端统治和第二次世界大战的爆发,学校正常的教学秩序被迫中断了。尽管环境恶劣,但是追求自由的优良传统在校园内并没有完全泯灭。1943年,反纳粹的进步组织"白玫瑰"的成员,朔尔兄妹和他们的朋友以及教授库尔特·胡贝特等人四处活动,以唤醒大众的良知,结果遭纳粹杀害。为了纪念他们,学校在采光玻璃大厅里竖立了纪念碑,还有那些以他们名字命名的广场和街道也使后人永远悼念他们。

1945年,新一代慕尼黑大学的领导者不得不在战争的废墟之上重建大学。幸运的是,位于学校主楼里的大礼堂在二战中没有遭到明显破坏,是慕尼黑战后为数不多的尚可使用的集会大厅之一。

战后,学生人数以史无前例的速度递增着。1990年,在校注册学生创下历史最高记录,共约为65000名。新学期伊始,如潮水一般慕名而来的学生都得排起长龙等待注册。最新统计数字表明,学生人数在20世纪90年代略有回落,学生人数的减少和入学限制、缩短学业时间、大学考试改革等不无关系。另外,慕尼黑是德国平均生活指数最高的城市之一,虽然上学不用交学费,但吃穿住行的开销还是相当大的,而要找到一份报酬可观的工作也并非总是那样轻而易举的。

20世纪90年代后,随着欧盟的建立,欧洲本身的实力又使欧洲人重拾信心,欧洲大学也开始寻求新的发展,希望重振雄风。慕尼黑大学在许多方面也进行了大胆的改革和尝试。慕尼黑大学主要吸取了美国大学的一些设置和做法,废除了过去设置的几大学院,在学院下面再设系、专业,提高各专业的地位。在政府拨款远远不足,大学筹集经费困

走进科学的殿堂

难的情况下，打破了德国完全无偿的大学教育制度。

1946年，学校恢复教学活动时还只有7个院系，时至今日，大学共有19个学院，这些学院中又分为总共178个研究所，各种专业102个，开设课程170余种，从神学到法律学、经济学，从医学到心理学、教育学，从社会学到历史学，从语言学到文学，从数学到自然科学，都具有较高的成就，真可谓百花齐放，争奇斗妍。

在世界大学学术排名榜上，2003年至2010年间，慕尼黑大学除了在2004年位于德国第2名外，其余7年均为德国第1名。

美国大学

慕大风貌

德意志的思想圣地——慕尼黑大学

科苑百花齐开放

慕尼黑大学非常注意维护和发展其学科的多样性，并以这些独一无二的专业而自豪，如东正教神学、阿尔巴尼亚学、埃及学和亚述学等。鉴于学生人数的激增，学校的规模也不断扩大，在原有基础上新建了许多新的教学楼和教学区。从20世纪70年代中期开始，医学、兽医学、

慕尼黑大学

生物化学、物理以及林业等学科纷纷在慕尼黑西部的格罗斯哈登和北部的上施莱斯海姆、加尔兴和弗莱森郊区落家。1972年，慕尼黑-帕森教育学院也并入慕尼黑大学。在新建成的马丁斯里德-格罗斯哈登的高科技园区，慕尼黑大学一步一步地将各类生物医学-自然科学集中在此区域，形成了一个在全欧洲都屈指可数的生物科技中心。慕尼黑大学共有10个研究生院，研究生院下有7个研究小组，它们是培养青年科研力量的重要基地。在20世纪，慕尼黑大学先后共出了12位诺贝尔奖获得者。

慕尼黑大学传承着五个多世纪的丰厚文化遗产；它是德国最富有文化气息的大学；它孕育了众多著名学者和科学巨匠：电学先驱欧姆在这里任教；唯心主义哲学家谢林在这里思考；近代有机化学和生物化学的创始人李比希在这里工作；现代燃料分子结构的发现者和合成果料的创始人贝耶尔在这里研究；世界上第一张X光照片在这里问世；德国的第一头克隆牛在这里诞生；它创建的医学解剖实验室是古代医学向现代医学转变的标志。

除了培养学生之外，慕尼黑大学也是巴伐利亚州和德国科研的中坚力量，设有各类研究所、医疗研究机构共187个，特设研究项目21个，巴伐利亚州的研究项目有7个。慕尼黑市科技发展迅猛，是一座科技含量很高的城市，这为慕尼黑大学提供了和其他科研机构合作的可能性，例如，成立于1984年的分子生物实验室——基因中心是德国四个基因研究中心之一，主要研究"生物基因工程的基础研究和应用"，以便实现基因技术在生物医药领域中的运用。该中心得到了马克斯-普朗克协会的大力支持，以及联邦教育研究部、巴伐利亚州和某私人基金会的财政资助。慕尼黑大学有着广泛的校际交流网，北京大学就是它的合作伙伴之一。此外，慕尼黑大学和格廷根大学、美国斯坦福大学、得克萨斯

德意志的思想圣地——慕尼黑大学

州大学以及宾夕法尼亚州国立大学合作，在福克斯山上竖立起极其现代化的天文望远镜，将人类的视线引向无边无际的苍穹。

北京大学　　　　　　　　　斯坦福大学

慕尼黑大学图书馆由位于朔尔兄妹广场的中央图书馆和197个专业图书馆组成，共有藏书580万册，其中，中央图书馆的藏书量达到230万册，藏书量之丰富在德国屈指可数。图书馆的所有书目均可通过电脑网络查询，并可直接在网上浏览、借阅所需要的图书。资源的共享在这里得到了充分的体现：广大的师生不仅可以免费在本校的图书馆内畅游，还可以前往巴伐利亚的州立图书馆和慕尼黑工业大学的图书馆。

慕尼黑大学的计算机中心是以自然科学家和哲学家莱布尼茨的名字命名的，由巴伐利亚科学协会的信息委员会统一管理，也同时供慕尼黑市的所有研究院和高校使用。该中心的任务是提供基础设施、服务和进行科研，支持全州的电子技术更新。

慕尼黑工业大学

慕大风貌

走进科学的殿堂

追忆往事

慕尼黑大学，全称路德维希·马克西米利安·慕尼黑大学，始建于1472年，是德国历史最悠久，文化气息最浓郁的大学之一。从建立至今，慕尼黑大学已经经历了500多年的风风雨雨，经历无数的沉浮才成就了今天的辉煌。

慕大风貌

校史大事

下面是慕尼黑大学500年间的校史大事：

1472年1月2日，巴伐利亚邦由兰次胡特的大公"富有的路德维希"正式宣布在英戈尔斯塔特城建立一所名为"大学"的学校，这就是慕尼黑大学的前身。

1573年，大学图书馆建立。

1703年，大学执政者表示要把各学院办好，使得本地子弟可以不必出国就能受到高等教育。

1723年，开始兴建新的医学院建筑，包括解剖试验室和植物园。

1733年，通过接受捐赠，大学得到大量绘画收藏品，数学和物理仪器，以及植物学、动物学和民族学的标本和教材。

1746年，初次进行教学改革。

德意志的思想圣地——慕尼黑大学

1760年，英戈尔斯塔特的城市药剂师罗索由执政者委托在他的药物试验室第一次对动物、植物、矿物进行化学试验，并第一次用德语而不用拉丁语讲解。这是大学医学院里的化学、植物学和药剂学讲座的起源，也是大学里化学和药剂学的实验教学方法的开始。

1767—1768年，英戈尔斯塔特耶稣会学院院长罗姆贝尔格建立了大学的第一座天文台，并用在奥格斯堡生产的当时最新式的观测仪器装备了这个天文台。

1773年，罗马教皇解散了耶稣会组织，一部分属耶稣会的教授在大学哲学院仍旧留用。

1790年，一所兽医学校在慕尼黑建立。1852—1890年发展成为兽医高等学校。1913年，兽医高等学校并入慕尼黑大学，这就是大学今天的兽医学院。

1793年，教会在大学里的财产全部还俗，教学人员除神学院外，也不再和教会有关系。

1799年，大学里建立了财政研究所，就是1826年搬迁到慕尼黑时所建立的国民经济学院的前身。

奥格斯堡

1800年，由于战乱，迁校到兰次胡特。

1802年，学校在迁兰次胡特后，正式命名为"路德维希－马克希米里安大学"，是为了纪念创始人富有的路德维希和后来的马克希米里安一世。

走进科学的殿堂

1804年,巴伐利亚开明政治家孟格拉主政期间,取消了学院制,改成了两个大班次。校长选出后由国王任命。并取消了学院的司法权力。

1805年,建立了大学档案馆。

1812年,大学里设立了第一个语言学教研室。

1814年,在哲学教授谢林和历史法学派萨维尼教授等7位教授(兰次胡特浪漫主义派)的主张下,取消了1804年的改制,大学又恢复成立5个学院。1815年,建立了大学自己的独立行政机构,由校长、总务长和4位教授组成。

马克西米里安一世像

1826年,根据巴伐利亚国王路德维希一世的命令,大学由兰次胡

兰茨胡特一景

特迁到慕尼黑，暂时设在原耶稣会学院旧址。大学与原来在慕尼黑的研究院有了明确分工，研究院只是科学机构，不再有教学任务。

规定了教授的长袍礼服，取消了过去规定的制服。礼服按不同的学院用不同的颜色，只在仪式上穿戴。

1837—1840年，由盖特纳建筑师设计，新的大学校址建成，在1840年迁入。

1838年，巴伐利亚内务部规定，大学学程为5年。5年的头两年是一般学科，这也就是后来预科的起源。

1843年，根据巴伐利亚国王命令，建立了门诊医院作为大学的教学医院。

医院的建立和发展是由几位教授们的终身努力才慢慢实现的。通过一位兰次胡特时期的老医学教授的临终捐赠，大学医院才有了在太阳大街的比较有一点规模的医院建筑。院长赛兹教授领导这个医院达42年。在这个期间，医学各科不断走向专业化，门诊医院也一再扩充改建。到1910年迁入佩滕科弗大街新址时，共分8个门诊医院：内科、儿科、外科、妇科、皮肤科、耳科、喉科和整形外科。

1846年，豪奈尔博士建立儿科医院，他逝世后转交国家，至今名称仍是"豪奈尔氏大学儿童医院"。

1847年，慕尼黑医学教授罗特蒙德首次使用乙醚作为麻醉剂。

1849年，大学取消了哲学大课和预科。大学生仍必修八种哲学课程，但是从第一学期开始就允许听专业课。

1852年，化学家李比希应聘来到慕尼黑大学任教，建立了新型的化学实验室。他的后任贝耶尔在人造颜料方面取得突破性的成就。

1855年，在语言专家、动物学家和解剖学家西伯勒特的努力下建立了大学的生理研究所，这是把解剖学、动物学、生理学和病理学各科专业化起来的开端。

1857年,建立了历史学教研室,标志着明确了哲学院的发展方向,是专业化地进行科学研究和培养中学以上的教学人才的开端。

1865年,哲学院分成两个部分,哲学与文史教艺部分和另一个数学和自然科学部分,统一由一个院长领导。

1877年,医学院在齐姆森教授领导下建立了德国第一个临床研究所;在佩滕科弗教授领导下建立了卫生研究所;在罗特蒙德教授领导下建立了大学眼科医院。

1878年,在国家经济学院建立了林业科学专业。

1881年,建立了法律教研室。

1878—1881年,继物理学教授欧姆之后,久里教授来慕尼黑大学物理系任职。为了进行地学测量,在大学建立"久里塔"。

1882年,赛利格教授主持天文学研究工作时期,在对行星和银河系的研究上有所成就。

1884年,以1857年已成立的助产医院和接生员学校为基础,成立了大学妇科第一医院。

1884年,10月,建立了大学妇科第一医院。

1891年,大学聘请布伦塔诺教授建立国民经济学教研室。自1919至1920年,这个教研室一直由著名经济学者韦伯任教。韦伯于1920年在慕尼黑逝世。

韦 伯

德意志的思想圣地——慕尼黑大学

1894年，建立了在当时情况下非常先进的物理实验室。在这里，从1900到1920年，由发现X射线的伦琴教授任教。

1897—1898年和1900—1906年由于学生人数迅速增加，校本部进行多次扩建，北部和西部扩至现界，并建立了大讲堂和礼堂。医学院各院扩建成医学院区，伊萨河左岸医院新建了许多教学医院的建筑。

伊萨河

1900年，第一次设立妇女博士学位。大学第一次接收女大学生是在1894年。

1914—1918年，2/3的大学生参加第一次世界大战，阵亡学生1243人，职员15人和教授3人。

1918年，建立了学生自治的管理日常生活的福利组织。1922年建立第一个男生宿舍。1929—1931年建立了第一个女生宿舍。

1922年，成立社会人士组成的"慕尼黑大学赞助者协会"，到1923

年已经取得捐款 1000 万马克。

1928 年，学生组织会堂，大礼堂兼食堂建成。在通货膨胀及困难期间，学生福利组织采取了"简易就餐"、"介绍工作"、"书写室"、"疾病补助"等多项措施，帮助学生度过难关。学生人数继续增加到 8000 人。

1933 年，纳粹当局采取种族歧视政策，迫害犹太人，强制部分教授和学生离任和退学，并迫使部分学生进行焚书。

1937 年，哲学院的第二部分独立成为自然科学学院。这个学院在 1971 年又分为 5 个学院。

1938 年，学生管理福利的组织被纳粹解散。

1939 年，神学院被纳粹关闭。

1943 年，5 位大学生和 1 位教授秘密成立"白玫瑰"组织，反抗纳粹。6 人英勇牺牲。这个反纳粹运动，在德国人民中影响深远。1958 年重建的大学中心大厅，建立了白玫瑰组织牺牲者的纪念碑。

1944 年 7 月，大学主楼及大多数研究所与医院受到轰炸和破坏，占全部建筑的 80%。

1944 年 10 月，希特勒强迫全部大学生和教授参加作战，使得大学教学在 1944—1945 年冬季学期全部停止。1945 年夏季学期未能开学。

1945 年 5 月 15 日，美国占领军先后任命纳粹执政前的老校长雷姆和弗斯任临时校长。

1946 年 7 月 15 日，举行大学重新

希特勒

开学仪式，新选出的校长接受当局授予他代表校长荣誉的校长项链，学生组织重新建立，学生参加了重建大学的劳动。

1955年2月14日至19日，为了使战后德国回到欧洲大家庭，举行第一次大学周（巴黎周）。大学周的活动中包括多项客座讲课。

1958年7月12日，大学中央大厅重新落成。白玫瑰抵抗组织纪念碑落成。

1958年，大学参加慕尼黑建城800周年纪念活动的许多项目。

1962年，学生福利组织利用美国的捐款开始在慕尼黑东北弗莱曼区建立大学生城，这个组织在1945年二次大战结束到1958年这段期间，陆续修整和建立了6所大学生宿舍。

1965年，大学行政改革，大学行政由校长委任一位行政主任负责。

1969年，哲学院的哲学与文史教艺部分分为哲学一院（哲学与历史）和哲学二院（语言与艺术史）。

1969年，实行校务会议法。校务会议（任期2年）由校长、副校长，两位校长助理和行政主任组成。

1971年3月1日，在1937年由哲学院二部改成的自然科学学院分成五个学院，即：数学学院、物理学学院、化学与制药学学院、生物学学院、地学学院。

1971年7月22日，国家经济学院在1878年设立的林业科学专业单独成立为林学院。

1972年在庆祝建校500周年纪念时，慕尼黑大学是西德除西柏林自由大学以外的第二所最大的大学。

走进科学的殿堂

校园建设

慕尼黑大学自1472年初创至1826年迁到慕尼黑落脚生根的350多年间,既没有固定的校名,也没有固定的校舍。英戈尔斯塔特和兰次胡特城里的修道院和一些教会学校,被用来兼作"大学"的课堂和校舍。13~15世纪欧洲兴起的大学,都是归教会兴办,神学是学生的必修科。教堂和修道院被用来兼作大学课堂和校舍。

慕大风貌

慕尼黑大学

及至15~18世纪,欧洲先后兴起文艺复兴、宗教改革和产业革命运动,人的思想和社会生产力得到解放,人文科学和自然科学相继登上大学讲坛。但是,如果在教堂里宣讲哥白尼的日心说,哥伦布和麦哲伦的地理大发现,布鲁诺的天文观和哲学观,就不那么合适了。因为,这

德意志的思想圣地——慕尼黑大学

些新学说不免有悖教义，使宣讲经院哲学的神职人员感到难堪。而且，随着物理学、化学、生物学等新学科被列入大学课程，需要建立各种新学科和实验室，使课堂教学和学术研究得以深入一步。这些实验室，特别是医学人体解剖实验室，无论如何是不能建在教堂或修道院里面的。

但是，"大学"不能老是"寄人篱下"，要适应生产力发展、社会发展和大学本身发展形势，必须兴建自己的校舍。1826年"大学"迁到慕尼黑后，巴伐利亚国王路德维希一世为了让慕尼黑大学这匹"黑马"能够自由地"奔腾"，他给大学增加投资，兴建校舍，扩充设备，广揽名师，博选英士。第二年，一座可容1500人使用的40幢新校舍在慕尼黑市内拔地而起，这是大学自建的第一批固定校舍。

哥伦布　　　麦哲伦

接着，著名建筑师益特接受国王的重托，主持大学主校区的兴建工程。1840年，位于慕尼黑市区北部的大学主校区基建工程胜利完成，主要建筑物有大学行政大厅、总图书馆和法学院教学楼等。建筑主体继承了德意志古典建筑的传统——富丽堂皇、美轮美奂，门饰及窗雕显示了巴伐利亚人豪放粗犷的性格。

1871—1918年德意志帝国时期，慕尼黑作为德国最大的巴伐利亚州首府，大兴城市建设。新建的工厂、商店、学校、图书馆、艺术馆、博物馆、体育场、植物园星罗棋布，铁路、公路纵横交错。城市人口不断增加，空地越来越少。慕尼黑大学在这段时期兴建的神学、哲学、经济、自然科学、林学、医学、兽医等学院的教学楼、实验室及师生员工

慕大风貌

宿舍等建筑群，不能集中于一处，只能分布在市区和郊区的四面八方。这样，慕尼黑大学与整个慕尼黑市融在一起，从此，慕尼黑既是一座城市，又是一座"大校园"了。

慕尼黑大学

经过100多年的艰苦创业，慕尼黑大学到20世纪30年代已颇具规模，治学育人取得了可观的成就，成为世界名牌大学之一。

不幸的是，希特勒及其纳粹党于1933年攫取了德国的统治权，对内实行法西斯专政，对外进行侵略扩张。1939—1945年，希特勒挑起第二次世界大战，战争给德国人民和慕尼黑大学带来巨大灾难。1944年7月，慕尼黑大学校园被轰炸，主校区80%的建筑物被毁。同年10月，希特勒驱使德国大学生上前线补充兵员，慕尼黑大学被迫停止全部课业，直到德国投降、战争结束第二年的7月份，大学才宣布正式复课。

师生员工陆续回到满目疮痍的校园，一边着手恢复大学正常的教学秩序，一边利用课余和假日，投入重建校园的劳动。经过10年重建，终于医治好了战争创伤，大学校园以崭新的姿态展现在人们面前。战后，

德意志的思想圣地——慕尼黑大学

大学不断更新自己的科研设施，不少设施已达到世界一流水平。如大学与慕尼黑技术大学合办的嘎尔兴等离子研究所和实验室，其研究成果使西德在基本粒子方面的研究水平迅速赶上英国和欧洲一些先进国家。大学医学院在市郊格罗斯哈德新建的教学医院群体，将二次大战以来世界医学医术上的许多新发展都应用到临床实践上来，在欧洲享有声誉。这里的外科教学医院所做的人体器官移植手术，也达到了当今世界的较高水平。

慕尼黑大学的面貌日新月异，但是艰苦创业和勤俭办学的优良传统在这里一代接一代地被继承了下来。以医学院为例，虽然在慕尼黑郊区格罗斯哈德建起了崭新的现代化教学医院群体，而19世纪大学在市内建立的一些老式教学医院，凡是二次大战中没有受到破坏的，至今都仍然在继续使用。这些教学医院的外观依旧，内部设施却得到了不断更新，以便于医学科学的发展。其中有一个卫生学研究所，是由德国现代卫生学奠基人佩滕科弗在1879年创立的。这个研究所创建之前，德国北方的学生既向往慕尼黑大学，却又不愿意进慕尼黑大学之门，因为当时慕尼黑号称"伤寒菌之窝"。佩滕科弗大夫及其研究所的成员经过几年的努力，建立了慕尼黑市的公共卫生设施和自来水系统，摘掉了慕尼黑"伤寒菌之窝"的帽子。自此，巴伐利亚以外德国各州的学生都竞相投进慕尼黑大学的怀抱来了。佩滕科弗大夫生前在慕尼黑市工作过的那个地方，如今被命名为"佩滕科弗大街"。在这条大街上，还有两个在19世纪建立的慕尼黑大学医学院所属研究所，一个是牙科研究所，另一个是生理学研究所。两个研究所建筑物的外观都是古典的，内部设施则是现代化的。新与旧，古与今，在这里得到和谐的统一。

曾在20世纪60年代，大学生们将慕尼黑大学称为"娱乐大学"。在竞争日趋激烈的现代社会，这一说法早已不合时宜了，但

走进科学的殿堂

它无疑从另一侧面揭示了慕尼黑大学丰富多彩的校园生活,大大小小的博物馆、剧院、园林是陶冶性情、放松心情的好去处。从大学主楼旁的一条小道穿进去,便是众人皆知的英国花园了,那儿有日本式茶馆、中国式宝塔,令无数游客慕名前往,而慕尼黑大学的学子们出得教室就拥有这一片绿色世界,不由得让人生出几分羡慕之情。在主校区外面,有一个类似法国巴黎大学拉丁区的文化区,叫"施瓦宾"区,20世纪初,德国著名的文艺刊物《青年》,便是在这里出版。德国有名的"蓝骑士"画派,也是在这里成长的。在施瓦宾文化区居住的文化界知识界知名人士中,包括作家哈尔柏和弗西特汪格尔,画家斯皮茨魏格和柯林特,

巴黎大学

还有著名的物理学大师伦琴等。俄国十月社会主义革命导师列宁,1900—1902年也曾在施瓦冥区帝王广场48号居住了3年。在这里,他为俄国革命报纸《火花报》审稿,并与当时俄国的一些革命领导人物见过面。

慕尼黑大学既有合唱团,又有交响乐团,都是由学生自发组建的,他们一年四季活跃在校园舞台上,既为校园增添了情调,也让喜欢音乐的同学有了发挥一技之长的地方。喜欢运动或想通过体育锻炼交友的同学可以参加体育中心举办的近40余种培训班。攀山、滑雪、水上运动等等都是深受大学生喜欢的运动项目。学校体育中心内有11个体育馆,15个足球场,7个沙滩排球场,32个网球场可供学生使用,为1972年奥林匹克运动会兴建的奥林匹克园中的游泳池等设施也对大学生开放。

德意志的思想圣地——慕尼黑大学

慕大前景

　　慕尼黑大学为未来发展做了许多事：大学逐步对各学院采用新的系制。相邻科目集中起来，学院之外跨学科的工作得到促进，资源更有效地得到利用。目标是优化研究与教学中的服务。与此相连的还有学业条件的根本改革。学士和硕士专业在不同学科和国内外大学之间保证最高程度的通融性。

慕尼黑大学

慕大风貌

走进科学的殿堂

慕尼黑大学每年还吸引1200多名客座学者。尤其在尖端研究领域、洪堡奖学金获得者和富布赖特基金交流中，慕尼黑大学在德国处于领先地位。

近几年，慕尼黑大学大刀阔斧地削减掉一些过时的专业，同时又以更大的积极性增加了一些新型专业，如：在数学学院中加大信息学和计算机科学的比重，在国民经济学院中也加大一些当前经常现象研究的力度等。未来一项重要的任务是，与经济界建立伙伴关系。这首先涉及大学界和经济界之间的知识转化和技术转化，但也涉及为大学寻求有吸引力的协作伙伴或者赞助伙伴。这些接触为学生开辟了在学习期间就可实际运用其能力的可能性。

慕尼黑大学还保持着广泛的伙伴关系网络，包括全球75所以上大学和若干定期交流计划，如与日本、以色列、英国、法国、意大利、美国和捷克共和国。还有与新加坡、多伦多、布加勒斯特和克拉科夫的伙伴关系。在科目、系和学院层面上还有与国际顶尖大学合作的其他合作形式，如慕尼黑－哈佛联盟。借鉴"面向问题的学习"的哈佛方案，慕尼黑大学医学院发展并成功巩固了全新的教学文化。培养医科学生的慕尼黑模式于1998年被联邦总统称赞为榜样。

多伦多一景　　　　　　　　克拉科夫一景

谱写"正气歌"

德意志的思想圣地——慕尼黑大学

反纳粹暴政的"白玫瑰"兄妹

朔尔兄妹是当年"白玫瑰"反纳粹组织的领导人,兄妹俩英勇不屈的精神在德国家喻户晓。哥哥汉斯·朔尔(1919—1943),妹妹索菲·朔尔(1921—1943),兄妹俩都是慕尼黑大学学生。哥哥学医,妹妹学生物学和哲学。朔尔兄妹的信仰是:纳粹这样的暴政没有理由在我们这个星球上存在。

"白玫瑰"兄妹(右一、右二)

汉斯·朔尔和索菲·朔尔出生于德国克赖斯海姆,共有四个兄弟姐妹,他们一起在乌尔姆长大。他们受基督教人道主义的熏陶,他的父亲罗伯特·朔尔是一个自由主义人士,后来从1945年至1948年任乌尔姆市长。

乌尔姆风光

谱写『正气歌』

虽然他们的父亲明言反对，但是一开始汉斯·朔尔和他的兄弟姐妹都积极参加了希特勒青年团，而且都在青年团的少年组中任干部。汉斯·朔尔于1933年10月所参加的乌尔姆的希特勒青年团原来是一个属于青年联盟的组织。1935年，在纽伦堡的纳粹党代会上汉斯·朔尔是4000名乌尔姆青年代表的执旗人。这次大会使得朔尔认识到纳粹主义与他所重视的青年联盟中的思想自由的精神毫无相干之处。由于汉斯·朔尔在希特勒青年团内部组织了一个继续青年联盟精神的组织，1937年他和他的兄弟姐妹们被短期关押，纳粹开始对他进行内部调查。但是1938年出于一个特赦这个调查没有继续进行。从这个时候开始朔尔兄妹开始反对纳粹主义而转向天主教。

中学毕业后汉斯·朔尔进入国家劳动服役训练营服役，此后被征入德国防卫军。服役期满后他进入慕尼黑大学学医学。在假期中他必须赴

纽伦堡风光

德意志的思想圣地——慕尼黑大学

前线做医务工作。1942年大学放假时，汉斯接到命令和同学一起去俄罗斯前线野战医院实习。出乎纳粹组织者意料的是，这个旨在坚定纳粹信念的实习却让汉斯有机会与战争零距离接触，前线横飞的血肉和冰冷的死亡让本来就对纳粹信念开始动摇的汉斯彻底认清了纳粹的本质。

回到德国，汉斯身边发生了一系列的事情：抱着吉他弹唱俄罗斯与挪威民歌被禁；看史蒂芬·茨威格的小说也被禁；一个敢于说真话的年轻老师莫名失踪；当然，还有德国历史上最黑暗的一页：对犹太人的迫害。这些事情像沼泽地的腐叶一层层堆积上来，让汉斯胸中块垒横陈，不吐不快。

挪威风光

1942年夏天，盟军大规模空袭科隆之后，朔尔兄妹通过对战争的认识和与天主教反抗组织人士的接触，他们在慕尼黑大学组织了反抗组

谱写『正气歌』

织——白玫瑰。亚历山大·施摩莱尔和汉斯·朔尔第一次散发了他们自己印刷的传单。这个组织一共散发过六张传单，其中前四张以"白玫瑰的传单"为名，后来的两张上的署名为"德国反抗运动"。第一张传单的开始是"对一个文明的民族来说，不抵抗就任由一个没有责任感的、受黑暗的动机驱动的统治集团统治是最可耻的"。其结尾呼吁公民进行被动抵抗。在第二张传单中他们报道了对三十万波兰犹太人的屠杀："这里我们面临着一个针对人的尊严的可怕的罪恶。这个罪恶在整个人类历史上没有前例。"在第三张传单上他们呼吁进行破坏。第四张传单的结束语为"我们不会沉默，我们是你们的良心，白玫瑰不会让你们自欺欺人的。"

从1942年7月至11月初汉斯·朔尔和另一位白玫瑰成员亚历山大·施摩莱尔被派往苏联战场。在这里他们加强了与当时24岁的维利·格拉夫的联系。格拉夫和同年5月从乌尔姆转到慕尼黑的苏菲·朔尔参加白玫瑰的活动。此外他们还获得了当时49岁的音乐学家和在反对派中很有声望的慕尼黑教授库特·胡伯的支持。他们还与萨尔和汉堡的反抗组织取得了联系。此外在乌尔姆还有两个中学生帮助他们散布传单。

这时白玫瑰的传单的内容也开始变化了。他们不再是仅仅讽刺纳粹。第五张传单是汉斯·朔尔写的，胡伯进行了修改。第六张传单的原因是德国在斯大林格勒战役中的失败。白玫瑰呼吁公民对纳粹党斗争。

此时，索菲来到慕尼黑大学还不到6个星期，她发现校园里一些学生在传阅油印传单。传单的落款是："白玫瑰"。

传单在学生中引起振奋，也引起另一些人的震惊和暴怒。

索菲从心底发出欢呼：事情终于开始了！她急匆匆赶到哥哥汉斯的宿舍，哥哥不在。索菲看到哥哥的书桌上面放着一本翻开的书，夹着书

德意志的思想圣地——慕尼黑大学

签，书页上留下铅笔字。那是一部席勒诗作的古典版本。她打开书，发现书中有一段席勒关于国家的论述，这正是传单上引述的一段话！

索菲觉得，哥哥干得好！但太大意。接着，一种危险的预感在索菲心上涌起。她尽量克制自己。汉斯回来了。索菲向哥哥问起传单的事。

"你最好别问，以免卷进危险。"

"但是，汉斯，一个人是成不了事的。倘若一件事只能让当事者一个人知道，正说明一个人的力量是做不成这件事的。"

原来兄妹俩都在进行着同一项秘密工作，同时又尽量向除自己以外的任何人保密，为的是保证事业的胜利，为的是不让盖世太保的魔掌钻空子伸进来。

此后不久，慕尼黑大学医学院的大批学生被强征到东线战场的德军阵地抢救伤员，汉斯名列其中。

11月，汉斯和医学院应征入伍的同学在东线服役期满回到校园。德军在前线失利、士兵伤亡惨重的消息，很快在校园传开。"白玫瑰"反纳粹的斗争日益深入，越来越多的学生卷入这一斗争的行列之中。

刺刀下的白玫瑰

1943年2月18日。朔尔兄妹和战友们把传单从大学行政大楼的中央大厅往楼下散发。大批学生从各个教室涌出来接应。一个管校舍的职员——被盖世太保收买，为虎作伥的败类，迅速关闭了行政大楼的所有大门。盖世太保倾巢出动。四天后，2月22日人民法庭的法官罗兰德·弗莱斯勒判处朔尔

谱写『正气歌』

37

走进科学的殿堂

兄妹和克里斯托弗·波普斯特上断头台。同日他们受刑。汉斯·朔尔的临终之言是"自由万岁！"其他三名白玫瑰成员亚历山大·施摩莱尔、库特·胡伯和维利·格拉夫于1943年4月19日被判死刑并于数月后施刑。年轻的英雄儿女功败垂成，他们用自己的鲜血，为德意志民族史谱写一曲惊天地、泣鬼神的"正气歌"。

战后，人们没有忘记白玫瑰，更没有忘记死难的六位烈士。1987年，白玫瑰小组成员米勒发起成立"白玫瑰"抵抗运动基金会。如今，慕尼黑大学主楼内的白玫瑰纪念馆，参观者每日络绎不绝。

谱写『正气歌』

"白玫瑰"纪念馆一瞥

科技英才

德意志的思想圣地——慕尼黑大学

逆境中的欧姆

欧姆（1787.3.16—1854.7.7），是德国物理学家，提出了经典电磁理论中著名的欧姆定律。为纪念其重要贡献，人们将其名字作为电阻单位。欧姆的名字也被用于其他物理及相关技术内容中，比如"欧姆接触"、"欧姆杀菌"、"欧姆表"等。

乔治·西蒙·欧姆于1787年3月16日生在德国埃尔兰根城，父亲虽然是一名锁匠，而且没有受过正式教育，但十分爱好数学和哲学，并自学成材，是一个非常受人尊敬的人。欧姆从小就向父亲学习，除了学习造锁之外，欧姆由父亲教导数学、物理、化学和哲学，打下良好的科学和数学基础。欧姆的一些兄弟姊妹们在幼年时期死亡，只有三个孩子存活下来，这三个孩子分别是他、他后来成为著名数学家的弟弟马丁·欧姆（1792—1872）和他的姊姊伊丽莎白·芭芭拉。

欧姆

现在即使一般中学生也会听过欧姆这位科学家的名字，可是欧姆在他的时代并没有受到重视。虽然他对电学的发展作出了重大的贡献，但

41

走进科学的殿堂

是他一生都在贫困与孤独中度过。

欧姆10岁时，母亲病逝，这给欧姆一家带来最沉重的打击。父亲在家里教欧姆数学、物理，不仅传授知识，也排解忧郁。

欧姆的父亲担心自己所学有限，还请埃尔兰根大学的数学系教授兰格多弗博士来家里开课。欧姆后来回忆道："兰格多夫认为学生不会自然对数学产生兴趣，对数学的兴趣是需要老师殷勤的栽培才会产生。而最好的栽培是老师对学生付出的注意力，因为这会影响学生的求学胃口。数学不是谈情说爱的对象，一下就会使人迸出爱的火花，但是数学是可以结婚的终生对象，起初没有什么味道，但是愈耕耘就会愈有收获。"

父亲没想到这样的教育会使欧姆成为世界著名的物理学家，使欧姆的弟弟马丁日后成为柏林大学首席数学教授。

爱尔兰根一景

德意志的思想圣地——慕尼黑大学

幼年时期的初期，格奥尔格·西蒙和马丁高程度的数学、物理、化学和哲学是受他们的父亲所教。格奥尔格·西蒙在11岁至15岁时曾上埃兰根高级中学，在那里他接受到了一点点科学知识的培养，并且感受到学校所教授的与父亲所传授的有着非常鲜明的不同。格奥尔格·西蒙·欧姆15岁时接受了埃尔兰根大学教授卡尔·克利斯坦·凡·兰格斯多弗的一次测试，他注意到欧姆在数学领域异于常人的出众天赋，他甚至在结论上写道，从锁匠之家将诞生出另一对伯努利兄弟。

1805年，欧姆进入埃尔兰根大学攻读数学、物理和哲学。1806年德国与法国交恶。这对埃尔兰根的居民无疑是晴天霹雳：德国人敌视他们，认为他们是法国人的间谍；法国人仇视他们，认为他们是卖国贼。埃尔兰根的产品到处受抵制。

8000人不到的小城，一夕间驻扎3万多名的德军，整个城市几乎成为俘虏营，学校也几乎解散，欧姆的父亲生意完全停顿。欧姆本来要休学了，但是有一位书商瓦涉看他读书的样子，知道他将来一定会有不凡的成就，就推荐欧姆到瑞士的戈斯塔忒教会中学去当数学老师。这所中学的校长，吉韩德牧师后来写信给瓦涉道："起初，我看到这个18岁的年轻人又矮又瘦、其貌不扬，心想这人怎能教书，但是不久我发现教书是这年轻人的癖好，而且非常胜任。"从此，欧姆便开始了漂泊的教学生涯。他对数学和物理的兴趣仍然十分浓厚，所以在工作之余不断努力自修，立志当一名大学教授。

埃尔兰根大学

走进科学的殿堂

卡尔·克利斯坦·凡·兰格斯多弗在1809年离开埃尔朗根大学前往海德堡大学任教，欧姆提出希望跟他一起前往海德堡重新开始他的数学学习，但是兰格斯多弗建议欧姆继续自学数学，并建议他阅读欧拉、拉普拉斯和拉克洛瓦的著作。欧姆接受了兰格斯多弗的建议，一边任教一边继续自学数学。这在当时是非常危险的事：法国已经要与德国打仗，一个德国学生爬过瑞士高山，潜入法国，只是为了要念数学，有谁会相信？这位教授却相信他，掩护他住在自己家中，教他数学与法语，一年后他学成，再偷越边境回去。

回国后的欧姆，发现情况比他想像的更恶劣，找了两年工作都落空，只好在一所中学兼课。后来穷到一个地步，看到德国陆军在招兵，他就跑去应征。不过德国陆军拒绝他入伍，其后几年，他还是到处兼课。

到了1811年，他再回到埃尔兰根大学，凭着自修的成果，以论文《光线和色彩》取得博士学位，并随即在该校教授数学。过了三个学期，欧姆觉得在埃尔兰根大学不会有发展的机会，加上生活太困苦，便接受巴伐利亚政府的聘请，到班堡一间条件相当差的中学担任数学教师。此后分别于1813年在班贝格、1817年在利隆、1826年在柏林的几家中学任教。为了证明自己的能力，1817年他出了一本几何学的书，除了几所图书馆购买以外，几乎没有销路，但欧姆还是庄严地把这本书献给影响他一生的父亲。这一年他终于找到第一份正式工作，在科隆大学担任数学物理系教授。可是他的仕途仍然不愉快。

后来，欧姆辗转到了科伦耶稣会高校任教。这所学校有一间设备完善的物理实验室，可让欧姆进行实验。1820年，欧姆得知奥斯特发现了电流的磁力效应后，开始进行自己的电学实验。最初他只为辅助学习而做实验，后来为了出版学术论文，才开始进行有系统的研究。

科技英才

德意志的思想圣地——慕尼黑大学

欧姆最重要的贡献是建立电路定律。1821年，施魏格尔和波根多夫

科隆大学

发明了一种原始的电流计，这个仪器的发明使欧姆受到鼓舞。他利用业余时间，向工人学习多种加工技能，决心制作必要的电学仪器与设备。为了准确地量度电流，他巧妙地利用电流的磁效应设计了一个电流扭秤。用一根扭丝挂一个磁针，让通电的导线与这个磁针平行放置，当导线中有电流通过时，磁针就偏转一定的角度，由此可以判断导线中电流的强弱了。他把自己制作的电流计连在电路中，并创造性地在放磁针的度盘上划上刻度，以便记录实验的数据。1825年发表第一篇论文《涉及金属传导接触电的定律的初步表述》，论述了电流的电磁力的衰减与导线长度的关系。进而，他通过实验测定了不同金属的电导率。在制作导线过程中，他直接受惠于父亲的精湛技艺。英国学者巴劳发现了电流

科技英才

在整个电路的各部分都是一样的,这个结果启发了欧姆,这使他想到可以把电流强度(当时他称为"电磁力")作为电路中的一个基本量。进一步的实验,导致得出了以他的名字命名的定律。1827 年欧姆又在《电路的数学研究》一书中,把他的实验规律总结成如下公式:$S = \gamma E$。式中 S 表示电流;E 表示电动力,即导线两端的电势差,γ 为导线对电流的传导率,其倒数即为电阻。

欧姆在自己的许多著作里还证明了:电阻与导体的长度成正比,与导体的横截面积和传导性成反比;在稳定电流的情况下,电荷不仅在导体的表面上,而且在导体的整个截面上运动。

欧姆定律及其公式的发现,给电学的计算,带来了很大的方便。人们为纪念他,将电阻的单位定为欧姆,简称"欧",符号为 Ω。

欧姆期望物理学界会给他一些响应,或让他找到一份大学教职。可

纽伦堡大学

是欧姆定律刚发表时，并没有受到德国学术界的重视，反而遭到各种非议与攻击。欧姆给当时普鲁士教育部长苏尔兹赠送一本他的著作，请求安排到大学工作。但这位部长对科学不感兴趣，只把他安排到军事学校。这时，一位在德国物理学界颇有地位的物理学家鲍耳首先撰文攻击欧姆的《通电电路的数学研究》一书，说这本书是"不可置信的欺骗"，"它的唯一目的是要亵渎自然的尊严"。在强大的压力下，欧姆寄希望国王出面，解决事端。他给国王路德维希一世写信，并因此组成巴伐利亚科学院专门委员会进行审议，结果因意见不一，不了了之。欧姆感到十分失望。在他给朋友的信中，流露出这一时期的痛苦心情："《通电电路》的诞生已经给我带来了巨大的痛苦，我真抱怨它生不逢时，因为深居朝廷的人学识浅薄，他们不能理解它的母亲的真实感情。"他辞去耶稣会学校的职务，并开始在柏林的学校当一些短期的数学教务。虽然在1833年，他受聘于纽伦堡理工学院，但这仍然不是他理想中的大学教职。

真理之光终究会放射出来。当欧姆的工作后来在国外获得巨大声誉后，才在国内科学界得到关注。经过埃尔曼、多佛和海尔曼等人多方努力，直到1841年，英国皇家学会授予欧姆以科普勒奖章，并宣布欧姆定律是"在精密实验领域中最突出的发现"，欧姆的工作才得到了普遍的承认。科普勒奖是当时科学界的最高荣誉。后来他的祖国也给他各种奖项和荣誉。到了1842年，欧姆才正式成为慕尼黑大学的物理教授，偿了他一辈子的心愿。1845年，欧姆被接纳为巴伐利亚利学院士。1852年成为实验物理教受。1854年，欧姆与世长辞。十年之后，英国科学促进会为了纪念人他在电路理论方面的贡献，电阻单位命名为欧姆。以后，当每个人在使用 这个术语的时候总会想起这位勤奋顽强，卓有才能的中学教师。

走进科学的殿堂

开拓崭新化学园地

尤斯图斯·冯·李比希（1803.5.12—1873.4.18），德国化学家。最主要的贡献在于农业和生物化学，他创立了有机化学。因此被称为"化学之父"。作为大学教育，他发明了现代面向实验室的教学方法，因为这一创新，他被誉为历史上最伟大的化学教育家之一。他发现了氮对于植物营养的重要性，因此被称为"肥料工业之父"。

李比希在1808年5月12日生于达姆斯塔特。父亲是个颜料，医

波恩大学

德意志的思想圣地——慕尼黑大学

药、化学用品制造商。少年时期李比希曾给药剂师当过学徒，这培养了他做实验和观察现象的浓厚兴趣。他第一次化学实验就是在他父亲店铺后院的小房子里进行的。1820年，李比希进波恩大学，后又去爱尔兰根大学学习，并以《雷汞[Hg(ONC)$_2$]成分研究》的论文获得哲学博士学位。

毕业后，李比希深感在德国得不到很好的化学实际训练，就于1822年去法国巴黎盖·吕萨克实验室留学。这一段留学生活对李比希影响甚大：一是他在该实验室从事雷酸盐的研究取得可喜成就，深受人们的赞赏。经推荐，年仅21岁的李比希被指定为特命教授。二是他当面聆听到一批著名教授讲演，这些联系标本、实物和实验的讲学，使他得益匪浅。他深感法国的教学方式跟德国大相径庭，这启发和激励他回国后立志改革化学教育。

李比希

1824年，李比希返回德国，在吉森大学任教，在那里工作了20多年。在这期间，他建立了德国第一个系统进行实验训练的化学实验室。由于革新了实验教学，各种研究成果不断出现，使以李比希为首的吉森化学学派的声誉传遍世界。

李比希从1852年起在慕尼黑大学任教达20年。1860年当选为巴伐利亚科学院院长。1873年4月18日在慕尼黑逝世。

李比希在有机化学领域内的贡献多得惊人。他作过大量的有机化合物的准确分析，改进了有机分析的若干方法，定出大批化合物的化学式，发现了同分异构现象。他在化学上的重要贡献还有：1829 年发现并分析马尿酸；1831 年发现并制得氯仿和氯醛；1832 年与维勒共同发现安息香基并提出基团理论，为有机结构理论的发展作出贡献；1839 年提出多元酸理论。1840 年以后的 30 年里，他转而研究生物化学和农业化学。他用实验方法证明：植物生长需要碳酸、氨、氧化镁、磷、硝酸以及钾、钠和铁的化合物等无机物；人和动物的排泄物只有转变为碳酸、氨和硝酸等才能被植物吸收。这些观点是近代农业化学的基础。他大力提倡用无机肥料来提高收成。他还认为动物的食物不但需要一定的数量，

吉森大学

还需要各种不同的种类，或有机物或无机物，而且须有相当的比例。他又证明糖类可生成脂肪。还提出发酵作用的原理……李比希一生共发表了 318 篇化学和其他科学的论文。著有《有机物分析》、《生物化学》、《化学通信》、《化学研究》、《农业化学基础》、《关于近世农业之科学信件》等。他还和维勒合编了《纯粹与应用化学词典》。1831 年创办《药物杂志》并任编辑，1840 年后此杂志改名为《化学和药物杂志》，他和维勒同任编辑。

德意志的思想圣地——慕尼黑大学

喜欢研究炸药的少年

李比希少年时候特别喜欢研究炸药，在集市上从卖灵丹妙药的人那里学会了制造爆炸雷管和制造雷管用的仪器。达施塔特的孩子们都喜欢到李比希药房买小炸弹玩，李比希把所得收入都用来帮助父亲养活一家的人。李比希常背着老师，把炸药带进教室，以便在休息时拿去玩。有一次在课堂上，正当老师专心地推导一条定理时，突然教室里发生了可怕的爆炸，吓坏了老师和同学，同时一股浓烟冲向了邻近的校长办公室，校长也吓得呆眉呆眼、不知所措。这一下，学校把李比希开除了。

李比希的父亲严厉地指责："看来你是学不出什么名堂的。干脆送你到药房当学徒吧，至少你自己可以争钱糊口。我的同行皮尔施需要一个助手，明天就到葛平海姆那里去。这回让你自己出去碰碰钉子，这样，你才会明白恶作剧的结果是什么了。"

李比希在葛平海姆药房里，成了皮尔施的得力助手。皮尔施对他很信任，允许他独立地干些事。他在阁楼摆满了各种化学药品和仪器，常常做实验到深夜。有一天，在用不同方式组配化学药品时，李比希发现了一种物质，它具有酸的种种性质，其银盐和汞盐都能爆炸。他想这种东西制成雷管一样很值钱，决定多制造这些给家里送去。过了几天，他的确制成了这种新物质。因为没有专门的器具，就把它装在旧手榴弹的空壳中，然后放在离壁炉不远的一个角落里。他没有用任何东西把空壳盖起来，于是原来湿的物质很快就干燥了。这位年轻的化学家还不知道，这种物质在干燥的情况下即使轻轻地碰一下也是会爆炸的。几周后，他亲自看到这种爆炸的情景发生了。

有一次，李比希做实验时，使用的研杵从桌上滚下，恰恰落在装有炸药的弹壳上，剧烈的爆炸声震动了整个药店。当李比希睁开眼睛的时候，才明白自己已经躺在对面的墙边，身上盖满了塌落下来的砖块和灰土。头上面的屋顶全部没有了，而看到的是满天星斗和黑蓝的天空。药店主人吓得发抖，不敢上楼阁。"李比希，你真是发疯啦！幸好我们还都活着。"皮尔施太太流着眼泪责备他。

幸好李比希没有受伤，只是房顶被冲击掉了。

巴黎一景

李比希为发生的事故深感忧虑。但是并没获得皮尔施的宽恕，不得不回达施塔特。父亲知道发生的事故后很不满意，但内心又有些高兴，因为他的儿子又回到了他的身边。李比希多次要求父亲允许他到大学学习化学，尽管家里有一定的困难，可是关心儿子前途的父亲终于同意了。1920年李比希进了波恩大学，不久就随卡斯特纳（1733—1857）

教授到埃尔兰根大学，19岁完成学业，获得博士学位。为了进一步提高自己的水平又去巴黎留学。

革新化学教育，创建的吉森实验室

从巴黎回国后，李比希担任了吉森大学的化学教授，立即着手实施一项前所未闻的计划，那就是改革德国的传统化学教育体制与教学方式，探索造就新一代化学家的方法。当时德国大学中的化学教育，通常是把化学知识混杂在自然哲学中讲授，而且没有专门的化学教学实验室，学生得不到实验操作的训练。李比希深知，作为一个真正的化学家仅有哲学思辨是不够的，化学知识只有从实验中获得，而这种实验训练在那时的德国大学中还得不到。于是李比希下决心借鉴国外化学实验室的经验，在吉森建立一个现代化的实验室，让一批又一批的青年人在那里得到训练，从中培养出一代化学家。他的努力得到了校方和国家的支持，经过两年努力，他在吉森大学建立了一个完善的实验教学系统——吉森实验室，这是一座供化学教学使用的实验室，它向全体学生开放，并在化学实验过程的同时进行讲授。

李比希为实验室教学编制了一个全新的教学大纲，它规定：开始，学生在学习讲义的同时还要做实验，先使用已知化合物进行定性分析和定量分析，然后从天然物质中提纯和鉴定新化合物以及进行无机合成和有机合成；学完这一课程后，在导师指导下进行独立的研究作为毕业论文项目；最后通过鉴定获得博士学位。李比希创立的这种让学生在实验室中从系统训练逐步转入独立研究的教学体制，在他之前并未被人们认识到，而它为近代化学教育体制奠定了基础。

李比希在教学中还坚持主张，教授化学是要教授作为科学的化学，

走进科学的殿堂

而决不是单纯地传授应用技术。对于只是抱着学习应用技术目的而来的学生，他是断然拒绝的；但对为了造福于人类而学习化学知识的学生，则始终是支持的。他谆谆告诫学生们，应当首先为祖国和追求真理而努力，然后其余的东西才归属于自己。李比希本人就是这样的表率。

吉森实验室的创建、化学教学大纲的编制和李比希热诚而严谨的治学，使得化学教育运动在德国比在其他任何地方以更大的势头和更深远的影响发展起来，从而吸引着四面八方的学生拥向吉森大学，聚集于李比希门下。在李比希的精心指导下，通过实验室中的系统训练培养出了一大批闻名于世的化学家。其中名列前茅的有为染料化学和染料工业奠定基础的霍夫曼、发现卤代烷和金属钠作用制备烃的武慈、提出苯环状结构学说为有机结构理论奠定坚实基础而被誉为"化学建筑师"的凯库勒，以及被门捷列夫誉为"俄国化学家之父"的沃斯克列先斯基等。值得指出的是由于这一实验室培养出一大批第一流的化学人才，所以成了全世界化学化

霍夫曼　　　门捷列夫

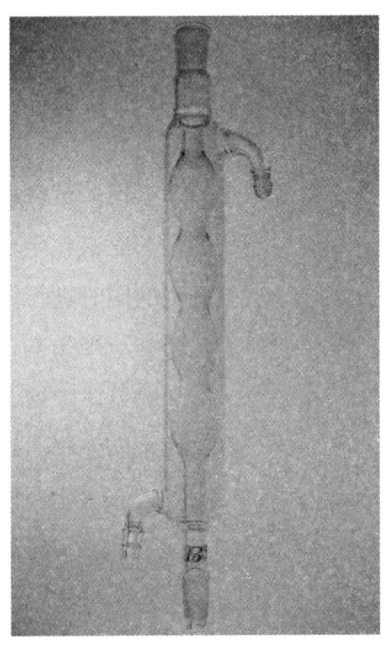

玻璃冷凝管

工工作者注目和向往的地方。李比希实验室科研和教学的风格,很快传遍了全世界。李比希还制造和改进了许多化学仪器,如有机分析燃烧仪、李比希冷凝球、玻璃冷凝管等等。这些仪器方便耐用,所以德国的仪器制造商纷纷大量仿制,向外国输出。

李比希与其学生志同道合,相互团结,为共同目标而努力。在吉森实验室,他们夜以继日地以高效率、勤奋而紧张的工作精神从事实验研究。正如李比希所说:"我们从黎明一直工作到黄昏,浪费时间和玩忽职守在吉森是没有的。常常听到的唯一抱怨,就是管理员晚上要打扫实验室时,无法把在里面工作的学生赶走……"李比希的学生们正是恪守这种勤奋并发挥一种集体奋斗的精神。吉森实验室的学生每年都在增加,特别是1835年扩建之后,实验室内总是挤满了人,但却充满着愉快的气氛,使每个新来的人都心情舒畅。成名后的霍夫曼深情地回忆说:"在老师的身边,呼吸着科学的气息是多么令人愉快!当刚刚听过别人把一些枯燥无味的东西充填到你脑海里的讲课之后,再走进老师的实验室,就像是逃出了混乱之境而来到了一片绿色森林,看到了微风吹拂着嫩叶一般的痛快。"

李比希作为吉森学派的带头人还深谋远虑地认识到,一个成功的研究学派,其导师不仅应在学生中间培养忠诚、凝聚力和集体精神,而且应激励他们尽早独立、自力更生和树立雄心壮志,尤其要鼓励他们在科学生涯的早期阶段就主动发表论文。为此,李比希发扬民主作风让学生自由选题并按自己的方式完成课题,最后在他主编的《化学年鉴》上以学生的名义发表。

李比希在化学教学实验室这块化学园地里的辛勤耕耘,终于结出了丰硕之果。除了科研成果外,最杰出的就是培养和造就了一大批化学英才。以吉森学派培养的诺贝尔化学奖获得者来说,人数之多、比例之大

走进科学的殿堂

在世界上首屈一指。在 1901 年到 1910 年的 10 年中，70% 的诺贝尔奖获得者为吉森学派的学者，诸如：第一个荣获诺贝尔化学奖的物理化学家范托夫，生物化学创始人费歇尔，电离学说创立者阿伦尼乌斯，第一个研究出靛蓝性质与结构的有机化学家贝耶尔以及提出关于催化剂现代观点的物理化学家奥斯特瓦尔德等。

费希尔　　范托夫

李比希无愧于化学园地教书育人的开拓者，他所创建的吉森实验室和化学教育结合起来的化学教学实验室。他为近代化学的发展培育了新一代化学家从而开创了化学教育的新纪元。

科技英才

德意志的思想圣地——慕尼黑大学

献身公共卫生事业

彼顿科费尔1818年12月3日出生在德国巴伐利亚的利希腾海姆的一个农民家庭。彼顿科费尔的叔叔是位宫廷药剂师,他曾在叔父手下当学徒。1837年入慕尼黑大学学医,主修化学和矿物学。1843年取得药师和医师资格证书。1843年至1844年间曾在维尔茨堡大学学习医用化学,他发现食物对尿液的影响,设计测定尿中胆汁酸的试验,即彼顿科

维尔茨堡大学

科技英才

费尔试验。1845 年从师冯·李比希，在人尿中发现肌酸酐。1847 年，彼顿科费尔任慕尼黑大学医用化学教授。1863 年至 1866 年间与冯·佛伊特共同研究了呼吸的生理意义，并认识到大气中 CO_2 对呼吸的影响。1865 年，彼顿科费尔又任慕尼黑大学卫生学教授。1879 年，他组织成立卫生学研究所，主要研究环境对人类生活和健康的影响。后来彼顿科费尔因为亲属相继离世，自己的健康状况也每况愈下，因此情绪抑郁，于 1901 年 2 月 10 日用手枪自杀身亡，享年 83 岁。

彼顿科费尔的主要著作有：《土壤及其与人体健康的关系》、《关于霍乱传播的观察与研究》和《卫生学指南》；他还创办了两个学术性刊物，一个是《生物学杂志》（1865），一个是《卫生档案》（1883）。

对公共卫生事业的贡献

彼顿科费尔具有良好的化学素养，他将物理和化学的研究方法应用到卫生学方面，做了大量的实验研究工作。他测定了休息状态下有机体内碳水化合物和脂肪的消耗量；研究了空气、水、土壤对人类机体的影响；还发明了测定空气和水中 CO_2 含量的方法；确定了湿度的意义，防止室内潮湿的方法，以及水在散播传染病方面的作用；研究了空气、衣服、居室和通风法，诚如他在讲演中所说的，他对卫生学的兴趣既深且广，其中包括卫生法规、供水、污水处理、食品加工、室内外绿化、通风换气法，关于着衣的卫生学、室内照明和取暖，以及危害人类的毒物和死人埋葬等。事实上，他所研究的项目有许多已超出了上述范围，诸如从树木中提取照明气；改良生产水泥的工序；合成补牙用的汞化合物；以及修复油画等。

彼顿科费尔是个彻底的实干家，许多有关公共卫生学的成熟的科学数据都来自他的实验室。他还认识到要完成他的计划必须得到市民的积极支持，并去寻求和利用社会的理解。这方面的一个例子，就是由于慕尼黑下水道的修建，从而有效地消灭了伤寒病。

关于"霍乱"的争论

19世纪世界范围发生几次霍乱大流行。1883年德国细菌学家科赫发现霍乱弧菌是致病的主要原因，并认为水是传播此病的主要途径。然而科赫的意见并未得到社会的普遍接受，最强烈的反对者就是彼顿科费尔。

彼顿科费尔对于霍乱流行原因有着不同的学说。早在1854年他便在巴伐利亚研究这种流行病。他也相信水对这种疾病的扩散有重大关系，所不同者，他相信地下水的影响较饮水更为重要。他认为霍乱流行原因是多方面的，主要有4个条件：

（1）居民区的地表面可以渗水和气到地下水的水平面；（2）地层湿度改变时，以地下水较高水平面处最危险；（3）地层里含有霍乱病人排泄物中的有机物；（4）人类社交而散布疾病，霍乱的主要原因来自霍乱病人的排泄物，但也可能来自霍乱流行区健康人的排泄物（现代医学将这种人称为带菌者）。

科　赫

当时，对于霍乱流行的原因，一方是科赫主张的单纯细菌说，另一方是彼顿科费尔主张的地方论说。这两派按照自己的学说坚持不同的预防方法。前者主要的预防方法是消毒粪便，隔离病人，供给清洁的饮用水；后者主张这种病的原因是地方性，而非病人，隔离和消毒皆属无用。他们主张真正的有效办法是在发病地制定系统的卫生法规，迁移发生地居民，使他们远离霍乱发生地，这一派也承认供给洁净的饮用水应是卫生法规重要的内容。

科赫主张霍乱弧菌是导致此病的唯一原因，而彼顿科费尔却认为外因固然重要，但人体本身抵抗力的大小是更为重要的因素。为了驳斥科赫的观点，1892年11月12日，年过7旬的彼顿科费尔竟把科赫给他的一管霍乱弧菌毫不犹豫一口吞服，而出人意料的是他除了稍有稀便外，并无其他异常，一直未出现霍乱的病象。这个骇人听闻的自体实验成为医学史上一次重大事件。很显然，仅仅吞食霍乱弧菌还是不足以致病的，彼顿科费尔的观点打破了机械唯物主义单纯外因致病说。总之，彼顿科费尔始终认为人体只不过是病原体的携带者，要引起流行病的发生，还须有当地环境中水土条件和气候条件等因素的综合作用。因此他极力反对单纯的微生物致病论，并坚持致力于调查研究流行病赖以发生的水土状况和气候因素。

彼顿科费尔一生执著追求公共卫生事业，并具有大无畏的献身精神。由于他在卫生学领域做出的巨大贡献，后来被封为贵族，继而又封为世袭贵族。1896年，他被冠以"阁下"称号，第二年又获得英国公共卫生学院授予的金质Harben勋章。与此同时，慕尼黑市政府为表示对这位杰出的卫生学家的支持，特慷慨捐资设立了彼顿科费尔卫生学研究基金。

诺贝尔光芒

德意志的思想圣地——慕尼黑大学

诲人不倦的伟大化学家

阿道夫·冯·贝耶尔（1835.10.31—1917.9.20）是染料史上第一个人工合成靛蓝并对其性质和结构进行研究的化学家，后又在酚醛树脂的合成及尿酸的研究方面有杰出贡献。

贝耶尔于1835年10月31日出生在柏林贝耶尔的父亲约翰·佐柯白，原是普鲁士总参谋部的陆军中将，由于刻苦自学，76岁高龄时竟被聘为柏林地质研究院院长。母亲是一位名门闺秀，见多识广，通晓事理，对贝耶尔的成长有重要影响。由于父母和家庭的良好教育，贝耶尔自幼勤奋好学，成绩一直名列前茅。

贝耶尔

中学毕业后，贝耶尔考入著名的柏林大学。开始主攻物理和数学，不久即转向化学研究。1856年，他发表了科学论文《有机化合物凝结作用综合研究》，受到专家们的一致赞赏，同年他获得柏林大学博士学位，当时年仅23岁。4年之后，他被皇家学会推选出任欧洲规模最大

诺贝尔光芒

的柏林国家化验所主任。

贝耶尔一个个奇迹般的研究成果，引起了普鲁士国王腓德烈·威谦四世的浓厚兴趣，特地邀请贝耶尔到皇宫去做客。当国王见到这位科学家时，不禁大吃一惊："没想到，这位誉满全欧的大学者，原来是个小青年。"

柏林大学

1875年，贝耶尔继承恩师李比希的事业，主持慕尼黑大学化学实验室。在这之前，贝耶尔曾担任当时欧洲最大的柏林国家化验所主任，受到普鲁士国王腓德烈·威廉四世的赐宴。1886年选为德国科学院院士。

贝耶尔毕生从事有机化学方面的科学研究，尤其在有机染料、芳香剂、合成靛蓝和含砷物的研究方面，取得了卓越的成就。他第一个研究

德意志的思想圣地——慕尼黑大学

和分析了靛青、天蓝、绯红三种现代基本染素的性质与分子结构，创建了第一流的新型化学实验室，建立了著名的贝耶尔碳环种族理论。他研究和合成的和种染料与芳香剂，使世界上的妇女们能打扮得比以往更漂亮、更动人。今天我们能够置身于那色彩斑斓、如花似锦的纺织品世界和香气扑鼻的化妆品世界，都是这位为美化人类生活而辛劳一生的科学家的功劳。为了表彰贝耶尔在研究染料和有机化合物等方面的卓越贡献，1905年，当他70岁时，瑞典皇家科学院授予他诺贝尔化学奖。1905年由于他在合成靛蓝和含砷物等方面的特殊贡献，荣获诺贝尔化学奖。1917年9月20日，贝耶尔死于慕尼黑，终年82岁。1910年起，德国设立贝耶尔奖章，专门奖励有机化学业方面有贡献的化学家。两年授奖一次。

腓德烈·威廉四世

最丰厚的生日礼物

1845年秋季的一天，柏林城里的天气格外的好，小贝耶尔的心情也和这晴朗的天气一般，他盼望10月31日的到来，因为这天是他10岁的生日。他已经是一个大孩子了，小贝耶尔琢磨着父母一定会好好地给他庆祝一番的。时间一天天地流逝了！可是什么动静也没有。30日那天晚上，贝耶尔倚在窗前，心里盼望着，明天，明天快来吧，爸爸妈妈一定会给我一个意外的惊喜的。

走进科学的殿堂

盼望已久的这一天终于到来了，可母亲却和平常一样，就好像是什么事也没有发生一样，领他到外婆家了。小贝耶尔心想，也许父母给我的惊喜就在外婆家吧。

柏林风光

可是当满心欢喜的贝耶尔蹦跳着进了外婆家时，屋里面却是一切如常，一点异样也没有。他有些失望，于是每时每刻都在想象着生日活动会出其不意地出现在他面前。但母亲好像是忘了今天是什么日子，一句有关过生日的话也没有说。想起往年过生日时的情景——妈妈的呵护、爸爸的祝福、精美的礼品……小贝耶尔难过得快要哭了，难道妈妈真的这么粗心，忘记了他的生日吗？

德意志的思想圣地——慕尼黑大学

晚上回家的时候，贝耶尔噘着小嘴，一声不吭地走着，满心的委屈又不便直接说出来。细心的母亲早就看出了他的心思。

贝耶尔的母亲是著名律师和历史学家的女儿，她特别重视对子女的教育；她爱自己的儿子，深知贝耶尔是一个聪明的孩子，教育得法将来一定会有出息的。

母亲慈爱地摸摸贝耶尔的头，温柔地说："妈妈生你时，爸爸已经41岁了，还是一个大老粗。但他不甘心没有文化知识，现在跟你一样正在努力学习，明天就要参加考试。妈妈当然记得你的生日啦，可是要给你过生日的话，你想想是不是要耽误爸爸的学习呀？"贝耶尔似懂非懂地点了点头，心里仍隐隐约约带着一些遗憾。

"我知道你很想过生日，"母亲接着说，"但年纪大了再学习是一件多么不容易的事，你就不清楚了，这要等你长大了才会知道。爸爸小时候没有像你一样的学习机会，现在才开始学习虽说晚了一点，但是只要坚持下去就一定会取得成果的。我们支持爸爸学习，他会非常高兴的，爸爸会更爱你的。这不也是很好的生日礼物吗？"

听了母亲的话，小贝耶尔的心开阔起来。眉头渐渐地舒展开了。他爱学习，也爱爸爸，没有生日礼物，只要爸爸爱他，他也一样开心，母亲又趁机教育他：."你现在正是学习的大好时候，你一定要努力，长大了才可以做更多的事情，才会成为一个有本领的人。"

母亲的一番话说得贝耶尔心里热乎乎的，爸爸已经50多岁了，还在努力学习，他那有些发白的头发和灯下看书的专注神情不时浮现在贝耶尔眼前。他要以父亲为榜样，努力学习，长大后做个有本领的人。

从那时起贝耶尔读书更加努力、勤奋了。10岁生日那晚回家路上，母亲的说的话对他一生都产生了深刻的影响。后来他回忆道："这是母亲送给我10岁生日的最丰厚的礼品。它将让我受益一生。"

诺贝尔光芒

67

走进科学的殿堂

伟大的榜样

贝耶尔的父亲约翰·佐柯白，是普鲁士军队中的总参谋部陆军中将。他虽然出身行伍，却对科学技术的发展非常感兴趣，但是日常工作很繁忙，没有时间学习。为此他非常苦恼，经常向一位牧师述说自己的烦恼。牧师劝他退休后再作学习打算也不迟，只要坚持，必能有一技之长。

贝耶尔的父亲牢记牧师之言，50岁时开始学习地质学。周围的人对他冷潮热讽，他全然不顾。只有贝耶尔的母亲深知丈夫的心志，全力支持他学习。

通过多年的学习研究，贝耶尔的父亲成了地质专家，76岁时竟出任柏林地质研究院院长。父亲的刻苦勤奋为贝耶尔树立了极好的榜样，也使幼年的贝耶尔受到了深深的震撼。

父亲不仅学习努力，而且谦虚尊师，这种品德也深深地影响着贝耶尔的成长。

在贝耶尔还在上大学的那一年，他曾经与父亲随便谈起凯库勒教授。凯库勒教授那时已经是德国有机化学的权威了，年轻气盛的贝耶尔随口对父亲说："凯库勒嘛，只比我大6岁……"父亲立刻摆手打断了他的话，狠狠地瞪了他一眼，问道："难道学问是与年龄成正比的吗？大6岁怎么样，难道就不值得学习吗？我学地质时，几乎没有几个老师比我大，教师的年龄比我小30岁的都有，难道就不要学了？"

此事对贝耶尔的震动很大，影响极深，后来他常对人讲："父亲一向是我的榜样，他给我的教育很多，最深刻的算是这一次了。"

贝耶尔敬重父母，不仅是因为父亲经常指出并纠正他的错误、关心他的成长，更重要的是父母的言行给了他最好的教育。每当学习、研究

德意志的思想圣地——慕尼黑大学

遇到困难的时候,他的脑海里就会浮现出戴着老花眼镜的父亲在灯下伏案学习的情景。一个五六十岁的老人竟有从头开始学习的信心和毅力,而年纪轻轻的他难道还有什么不能克服的困难吗?

一位培养出许多优秀化学家的化学家

贝耶尔在柏林大学上了两年的学,主修的是物理和数学。但中途因在陆军中服了一年的兵役而间断了学业。1858年,他先后跟着本生和

柏林大学

凯库勒学习化学。本生和凯库勒都是德国当时著名的化学家,本生发明了发射光谱仪,并发现了铷、铯两种新金属;而凯库勒则在睡梦中悟出了苯环的结构。在两位名师的指导下,贝耶尔的学业有了突飞猛进的

进展。

23岁的时候，贝耶尔获得了柏林大学博士学位。此后他完成了多项使化学界轰动的研究工作。37岁时，他出任斯特拉斯堡大学教授，声誉享于欧洲，慕名求教者很多。

斯特拉斯堡大学

1874年，埃米尔·费雪就毕业于斯特拉斯堡大学，成为该校有史以来最年轻的博士。他认为贝耶尔无论在学问上还是在品德上均可为人师，于是他谢绝了不少大学聘任他为教授的聘书，甘心跟随贝耶尔作一名助教。当时贝耶尔教授接到慕尼黑大学聘请他去那里讲学的通知。费雪便谢绝了一切聘请，跟随老师去了慕尼黑大学，当了一名助教。在贝耶尔的精心指导下，通过几年的学习和研究工作，费雪在有机化学方面的研究水平渐渐地超过了老师贝耶尔。这一点贝耶尔是最清楚不过的

了。经过认真思考，贝耶尔觉得，学生超过老师，说明师生都尽了力，应该给费雪找一个更有利于发展的地方，寻找一片更加广阔的发展空间。

1882年夏日的一天，贝耶尔把费雪请到了自己的办公室。贝耳尔说："费雪，这几年你在我这里干得不错，在有机化学方面的研究已经超过我了。在我这里干不会有更多的收获，还是换一个地方吧。"

费雪从来没有想过要离开老师，他有点着急了："不，我不想离开您。老师，没有您，我不会有今天的成绩。……"

贝耶尔没有让费雪说下去，"就这样定了吧，我推荐你去下厄南津大学任教，换一个环境会使你增长才干。"

贝耶尔没有看错，费雪的确才能出众，1902年他荣获了诺贝化学奖。三年之后，贝耶尔也同样获得了1905年的诺贝尔化学奖。

贝耶尔就是这样一个谦虚、诚恳的人。除了费雪之外，贝耶尔还培养了许多优秀人才，其中一些人也获得了诺贝尔奖，如他的学生维兰德（1927年诺贝尔化学奖）。这与他诲人不倦的态度是分不开的。

特别有趣的是，费雪的学生瓦尔堡获1931年诺贝尔生理学及医学奖，瓦尔堡的学生克雷希斯又获得1953年的诺贝尔生理学及医学奖。这在世界化学史上成了一段佳话，贝耶尔那学而不厌、诲人不倦的治学态度已经如基因遗传一般地永远流传下来。

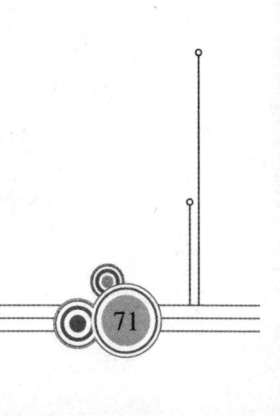

走进科学的殿堂

一位险些包揽两项诺贝尔奖的科学家

埃米尔·费雪（1852.10.9—1919.7.15），德国著名医学家和生物化学家，19世纪下半叶和20世纪之初有机化学领域冲最知名的学者之一。他发现了苯肼，对糖类、嘌呤类有机化合物的研究取得了突出的成就。

1852年10月9日，费雪在德国科隆市附近的一个小镇出生。1904—1908年在慕尼黑大学医学院专攻医术，获医学博士学位。1902年荣获了诺贝尔化学奖。对于大多数诺贝尔获奖者来说，获奖的成果可以说是其一生中在科学上最主要的贡献。然而，对于费雪来说，他在科学征途上取得的杰出成就，却是在他获得诺贝尔奖之后完成的。他的研究领域集中在那些与人类生活、生命有密切关系的有机物质方面，可以说，他是生物化学的创始人。

同德国的许多科学家一样，费雪对希特勒的法西斯专政深恶痛绝。他说："愚蠢的独裁者可能利用现有

贝尔光芒

埃米尔·费雪

德意志的思想圣地——慕尼黑大学

文明来称霸世界,但未来属于人民,独裁者只能得逞一时。"历史的发展证实了他的论断。

生意失败 学业得意

费雪一共有姊妹五个人,少年时代的埃米尔·费雪并未过早显出与其他普通孩子的不同,埃米尔的父亲老费雪是德国莱茵地区大名鼎鼎的企业家,家庭很富足,拥有很多田产和企业。他希望这个唯一的儿子能继承他的全部事业。学会从商之道。然而埃米尔绝不是个经商的天才。

费雪在他 17 岁的时候就以十分优异的成绩从波恩大学预科毕业。随后因病在家休学两年。病休期间在父亲的一再劝告下,费雪跟姐夫学

波恩大学

做生意。对于做生意，费雪本人根本就一点也不感兴趣。费雪的心思不在这里，结果账目让他记得一塌糊涂，他还偷偷地在库房里搞起了化学实验，实验常常都会失败或发生意想不到的效果，有时会发生巨烈的声响，响声隆隆，熏得他满脸黑烟，并时常发出呛人的浓烈气味呛得他阵阵咳嗽。搞得他的姐夫马克思·弗里德里希一点办法都没有，看来只好将这个"小舅爷"交回去给他的岳父了。所以，弗里德里希又跑来告他的状了。

"父亲，我特地绕道来看您，顺便想谈谈埃米尔的情况。"

"他还是那么吊儿郎当，一点儿没改吗？"老费雪忧虑地问。

"很遗憾，他越来越不像话了，我那里用过的职员不算少，像埃米尔这样的人可没见过。不行，没希望，他什么事也干不成。我派他记帐，他记的账簿我带来了，当然，这不是正式账簿，原是让他先练习练习的。要是当真把这件事托付给他，我早就破产啦。这就是那本账，请您看看吧。"费雪先生把账簿翻看了几页，只见上面东涂西抹，一塌糊涂。弗里德里希注意看着他的表情。

"请看这儿。"弗里德里希指账页的一角。

"这是什么呀？"

"化学式。库房里有一小间空屋子，您能想得到吗？他把它当作化学实验室了。买了一本施托加德的化学教科书，就在哪儿配起什么混合物来了，闹得库房一会儿冒出一股呛鼻子的怪味，一会儿又是嘭地一声爆炸。好几次，他自己从实验室蹦出来，您知道有多狼狈吗？头发烧了，手也烫了……我猜想，他常偷偷摸摸到化学老师那里去，总而言之，我们这位可爱的埃米尔干哪一行都好，就是做生意不行。"

老费雪叹了一口气，听到这些话，他心里很不好受，因为他只有埃米尔这一个儿子，埃米尔是他全部财产的继承人，最主要的是他的事

德意志的思想圣地——慕尼黑大学

业的继承人,不错,他还有4个女儿,但其中2个已出嫁,剩下的两个自然很快也要成家的,这一番事业托付给谁呢?老费雪的额头出现了深深的皱纹。

"看来,这孩子是没有经商的才干。只好让他去上学吧!"费雪先生说罢,颓然地坐在椅子上,唉,这个不争气的儿子,但愿他能做个正派人就谢天谢地了……

老费雪知道自己的儿子并不是块做生意的好材料,虽然他一心一意希望埃米尔·费雪能走上从商之路,继承和发展自己的事业,但最终还是尊重儿子的选择,让他继续上学读书。

1871年,19岁的费雪进入了波恩大学以后,在波恩大学只学了一年。对埃米尔来说,功课并不特别困难,但波恩大学却使他很失望。

波恩大学

物理和植物学都是埃米尔所喜欢的,但教授们枯燥无味的讲演使他提不起兴趣,校内对埃米尔·弗雪唯一有吸引力的人物是奥古斯特·凯

库勒教授。他是一位优秀的演说家，天才的理论家，卓越的实验家，而且还深受学生的爱戴。费雪也很崇拜他。但是，要想进入凯库勒的实验室，先得经过分析化学实验室。而在春季到夏季这个学期里，只能听听课，在学年中间根本不可能得到实验室的位置，只有到了秋天才开始有实验课。所以，费雪焦急地等待着秋季学期的到来，以便开始分析化学实验。

然而，真等到了这一天，却又使他大为失望。主持分析化学实验的是一位刻板的老教授，他也会采用一些离奇的工作方式，但结果却只能使学生们感到更头痛。

第一天，费雪从助教那里领到了一只盛着深绿色溶液的烧瓶。

"按规定，分析结果应该在一周内做出，因为您是初次做，给您两周时间。"助教说。

"可是，我根本还不知道分析该怎样做呀！"费雪困窘地看着助教。

"您那里不是有实验指南和图表吗？看一看，自己去干吧！"

费雪犯难地看着其他同学。这些实习生们偷偷地溜出了实验室，带着发给他们的溶液，然后又不知从哪儿把分析结果带回来交给了助教。

费雪决定自己动手，认真地完成实验分析，而不是像他的同学那样投机取巧。他工作了两周，深钻细抠，按着实验指南一一作了测定。可是，当他把分析结果报告给那位助教时，助教却用诧异的眼光看着他。

"这纯粹是虚构的结果！您的溶液里什么也没有！您怎么会发现镍呢？这镉又从何而来？怎么还有钾呢？费雪先生，重新分析一遍吧！做实验时要细心才好！"

费雪的脸红了，太阳穴砰砰地跳，他感到自己受了戏弄。

第二年，费雪开始做定量分析方面的实验。这时，他对化学彻底绝望了，因为所有的分析都是采用简陋的、早已过时的方法。

"放弃化学,改学物理吧。"费雪打定主意了。

"傻瓜",费雪的堂兄恩斯特劝他说,"你既然选了化学,那就应该坚持学下去,如果你不喜欢这儿,转学好了。"

"如果到处都是这样的方法搞研究,我是无法干下去的……"费雪的话音还没落,就响起了晃晃的敲门声,走进来的是他另一位堂兄奥托·费雪。

"奥托?!是你呀!你到波恩来干什么?"埃米尔·费雪没有向奥托问好,却先问起他来。

"我想来逛逛呀。我可不能老是守着一个地方不动。总是分析来分析去的……分析得真叫人腻烦。"奥托在另一所大学里学习化学。

"别提了!"埃米尔把手一挥,"我呢,氢氧化铝一过滤就是八天,守着个漏斗,眼睛盯着,滴答滴答地没完没了,谁有这份耐性!我真想把那个架子连同该死的漏斗一古脑儿扔到外面去!"

奥托感到很奇怪:"你们过滤怎么不用本生发明的水泵呢?柏林大学早就用上了。"

"这里连想都没想过。我们这儿全是老一套。"

"我跟你说,"恩斯特插话说,"你转学吧。"

"好主意!"奥托喊道:"我和你一道去怎么样?柏林是个好地方,不过世界之大,何处不可以读书,要出去见见世面。"

埃米尔喜形于色:"就这么定了!去哪里呢?"

"我主张去维也纳,"奥托说,"我听人家说过,那儿有趣的东西可真不少。"

"奥托,可惜那儿离埃斯基恒太远,你知道,我有胃病,离家总得近些才好,你看斯特拉斯堡怎么样?"

奥托沉思了片刻,说:"好吧,就到斯特拉斯堡去吧"。

走进科学的殿堂

1872年秋天,他们转入斯特拉斯堡大学化学系学习,那里有当时著名的化学家阿道夫·冯·贝耶尔教授。贝耶尔教授对染料、炸药和药物的研究有很大的贡献。费雪非常敬佩贝耶尔教授,贝耶尔教授也很快就发现了这位勤奋好学的青年人并很快就喜欢上了他,精心地对他加以培养,师生之间的关系也不同于一般。

斯特拉斯堡一景

埃米尔在贝耶尔教授指导下,着手撰写关于荧光素合成问题的博士论文。这时,对他来说,化学已不再是枯燥无味的学科了。在贝耶尔教授指导下,工作充满生气,又饶有兴趣,贝耶尔反复告诫他的学生们一条科研工作的基本原则:"大自然创造出许许多多活的有机体,而这些有机体又是由于百种物质构成的。要了解这些物质,首先要研究它们,然后还要把它们合成出来!只有把它们成功地合成出来,一个科学家才能说是把这项研究工作有头有尾地完成了。"

荧光素合成工作进展很顺利。与此同时，埃米尔还想进行另一项合成实验。他决定先征求贝耶尔教授的意见。

"我对一种重氮盐，比如氯化重氮苯的还原反应很感兴趣，它的最终产物会不会是肼的衍生物呢？"

"您去试试吧。"贝耶尔表示赞同。"还原反应曾经导致许多发现。你可以先用锌和醋酸试试看。"

埃米尔着迷似的投入到他的工作中了。"锌和醋酸"，说起来容易，但是，实验操作时必须选定相应的反应条件，确定反应得以进行的溶液浓度。同学们发现埃米尔一连几天没出实验室，跑过去看他。

"成功了！"埃米尔睁着布满血丝的眼睛大声说，"苯肼合成出来了！"这是费雪对碳水化合物化学的卓越贡献之一，合成了苯肼，并发现了这种物质的实际应用。

1874 年，费雪在贝耶尔教授的精心指导下最终完成了《有色物质的荧光和苔黑素》论文，获得了博士学位。这时费雪才 22 岁，成为了该校有史以来获得此项殊荣的最年轻的人。

当时的斯特拉斯堡大学一向是以出入严格而闻名于世，在这样的一所学校要获得博士学位显然是很不容易的，必须要经过一系列的严格考核。在隆重的毕业典礼上，大学总监也抑制不住内心的激动，他颇为骄傲地大声宣布："本校自 1567 年创立以来，到现在已 307 年了，本届出了一位最年轻的博士，他就是埃米尔·费雪。"从此以后，他因为是最年轻的博士而成为学校的骄傲。

"臭不可闻"的大科学家

费雪在获得博士以后,一时名声大噪,成为当时许多大学争相聘请的热点。但是费雪认为自己在贝耶尔身上能学到很多东西。当时贝耶尔教授接到慕尼黑大学聘请他去那里讲学的通知。费雪便婉言谢绝了一切聘请,他已经决定跟着贝耶尔教授到慕尼黑去,在那里当一名助教。这个主意得到了他的堂兄奥托的赞成。但是,他们去慕尼黑的打算遭到了亲人们的反对。因为当时传来的消息,慕尼黑正流行伤寒病。

"你从小就身体不好,不应该去冒这个险,"父亲劝说道。

"但是我要在贝耶尔教授指导下继续研究苯肼,而这只有在慕尼黑的实验室才能办到。再说,"埃米尔捋起袖子说,"我已经够强壮了,不会碍事的。"

这位早已放弃让儿子经商的父亲说不服儿子,只好让步了。"你已经长大成人,该怎么办能自己做主了。我已经尽到了做父亲的义务,替你在银行存下了一笔款子,数目同给你姐姐们陪嫁的一样多,你随意支取吧。"

"谢谢,父亲,您知道,这对我来说是个很麻烦的问题,钱还是搁在您这儿吧。我想光利息就够我用的了,在慕尼黑,我只会呆在实验室里,而实验室的所需费用并不多,我想告诉您,苯肼的合成,是非常重要的发现,我们还会取得有意义的成就的。"

"对于化学我一窍不通。"老费雪说,"所以,我也想象不出这个发现将会有什么好处。不过,既然你认为它那么重要,你就干吧!"

在慕尼黑大学的头三年里,费雪可以有很充足的时间,专心做研究课题,因为他那时还没有教学任务。慕尼黑的工作条件很优越。起初,在有机化学实验室工作的只有费雪兄弟二人，但不久又来了一批实习人员。其中有一个叫库尔蒂乌斯的，埃米尔跟他很要好。"我真纳闷，您在分析您自己合成的化合物时，怎么要花那么多时间？"埃米尔奇怪地问。

"这还算多吗？"库尔蒂马斯答道。"仅是元素分析就得两天。"

费雪摇摇头说："真是不可原谅的浪费。"

库尔蒂马斯笑道："那么您呢？看来您是不会浪费太多时间的。"

"我一天至少做五项分析。"

"一天做 5 项分析?！这不可能!"库尔蒂马斯吃惊地望着埃米尔，以为他是在开玩笑。

"当然可能，"费雪争辩道，"关键在于把工作统筹好。"

"统筹得再好也不可能。"库尔蒂马斯斩钉截铁地断言。

"不用争论，咱们可以试一试。您就会相信我说的是对的，我是把进行分析的一切工作都事先准备好。"

第二天清早，他们来到实验室，埃米尔点着加热炉，把小瓷坩埚里早已备好的有机物逐一过称，然后动手试验。一张桌子上有两个炉子分别测定碳和氢，另一张桌子上有两个炉子测定有机物中的氮。他一边观察着物质的燃烧情况，一边点着另一个炉子，接着准备下一个试验所需用的坩埚和有机化合物，他显得熟练而得心应手。到了傍晚，5 项分析都做好了。库尔蒂乌斯简直不敢相信自己的眼睛，他赞叹道："您真是个魔术家!"

"关键在于统筹，亲爱的朋友。"费雪微笑着说。

也许费雪说得对。但是，尽管其他人也都很勤奋和努力，并且学着他"统筹"安排，可是在实验技术上谁也比不上费雪。他总是几项课题齐头并进，几个试验同时动手。

走进科学的殿堂

埃米尔·费雪在慕尼黑实验室首先搞的研究工作是醛的苯肼试验,他把苯肼作用于丙醛,取得一种晶体,这种晶体与粪臭素在成份上稍有区别,仅在于这种晶体的分子比粪臭素还多1个氮原子和3个氢原子。

"如果我能把这多余的原子分离出去,那么肯定就可以制得粪臭素。"

"您用什么方法呢?"贝耶尔教授问他。

"热分解,加入了各种催化剂都没有奏效。"

"加入酸类也不行吗?"

"不行。"

"您用锌粉和锌盐试一试,"贝耶尔教授建议说。

加入锌粉毫无结果。不过,锌盐之一的氯化锌却显得很有活性。费雪继续给它们加热。这时,烧瓶里冒出一股味来。

"迪克,这是什么东西?你好像把整个王国的马粪都收罗来了!"实验室里的另一个实习生大叫起来,并且拼命地用手在鼻子前扇着。但这股臭味太浓厚了,连大马力的通风机都吹不散。

"成功啦!"费雪喊道,毫不在意大伙儿的嫌恶表情。

但是,谁也不听他那欣喜若狂的话。当时,因为实验室里的冲天臭气,熏得谁也呆不下去了,大家熄了各自的燃烧炉,停止试验,争先恐后地从实验室里逃到外面去呼吸新鲜的空气去了。只有费雪还呆在臭气冲天的屋子里继续工作。

埃米尔相信,继续研究下去还会有新的发现。

渐渐地实习生们也对这个臭味习以为常了。不过,无论他们上街、吃饭、看戏,不管到哪儿去,这股气味都阴魂不散地跟着他们。

"我们可让费雪害惨了!"

埃米尔的情况更糟。他一心扑在实验上,尽管衣服、头发和皮肤上都粘上了粪臭素，散发着恶臭的气味，但他对这一切根本一点也不在意，甚至忘记了身上还有什么气味。当时在德国，听音乐、看歌剧极为盛行，费雪也是一位爱好者。实验以后他都要到音乐厅、歌剧院看演出，他是一个每场必到的观众。可是现在，这股气味却把他搞得很狼狈。

一天，他一进去就发现大家离他远远的。他没有介意，开始找自己的座位；找到座位，刚一落座，周围的观众就渐渐开始骚动起来，开始时是相互交头接耳，继而好像有人发出了什么命令似的，大家都不约而同地掏出手绢捂住鼻子，像躲避瘟疫一样扭转身子，还有人想逃离座位。终于有人再也忍受不住了，大声叫道："哪里来的臭气，谁把这个刚从马棚出来的马夫放进剧场来了，快把他赶出去！"

这时费雪才如梦初醒，原来是自己给观众带来了极大的不便。他忙站起来，赶快逃离了剧场。

回到家里，费雪认真洗过澡，又从里到外换了衣服，但是臭味依然存在，就好像是从皮肤里散发出来的一样。费雪有点懊丧，看来歌剧看不成了。

"没关系，"贝耶尔教授安慰他说，"搞科学研究是要付出代价的，这还不算是什么重大的代价。何况你已经做出了发现。"

埃米尔只有苦笑，但是为了科学研究，为了自己的事业，这点牺牲算不了什么。

"女巫式的预言"

1878年，当时，慕尼黑的艺术家们常常在市内最宽敞的大厅中举行联欢会。有一次，埃米尔和另一位青年科学家哥尼希斯应邀参加了一次大型的联欢会。

巧妙的艺术装饰把大厅变成一座引人入胜、富丽堂皇的宫殿。来宾们身着色彩缤纷的华贵礼服。埃米尔和哥尼希斯衣着朴素，不惹人注意，他们可以悠闲地观赏大厅里进行的联欢活动。

"你估计皮尔海姆今天会是什么穿戴？"哥尼希斯问费雪。

"王子的装束。"

皮尔海姆是慕尼黑城内一位大名鼎鼎的艺术家。

衣饰华丽的人群突然闪动起来，让出一条通道。皮尔海姆在侍从们的簇拥下，步入大厅。他身着天鹅绒与丝绸做成的盛装，光彩夺目，果真像个王子。他频频招手致意着，来宾们则向他深深鞠躬行礼。这一支队伍还没有走到大厅的尽头。对面门口又出现了一位在侍从们前护后拥下的王子。

"瞧"，费雪用胳膊肘触了一下哥尼希斯，"这才是真王子呢，威廉·巴伐尔斯基王子。"

他们都穿着华丽的丝绸物，一同去观看表演了。

联欢会的精采节目是一群"爱斯基摩人"的表演，演员们穿着用粗毛和破麻絮制作的衣服，在用树皮搭成的帐篷旁跳着一种怪模怪样的舞蹈。其他装饰和道具也都是用这种易燃材料做成的。

费雪忧虑地看了看四周，说："人们都在吸烟，我担心会有什么东西突然着起火来。这些有机物太容易着火了。"

哥尼希斯说："别瞎操心了。走吧，到小吃部里喝点啤酒吧。"

但事实被费雪不幸言中了。他们的一杯酒还没喝完，大厅里就传来了惊叫声："着火啦！"

"爱基斯摩"人的衣服全着火了，他们像一条条火龙，在大厅中翻腾，燃着了周围的一切。来宾们吓得魂飞魄散，争向门口狂奔。快乐的节日气氛荡然无存。

"你做了个女巫式的预言。"哥尼希斯心有余悸地对费雪说了一句。

离开慕大之后的偶遇

1882年夏天，贝耶尔思考到费雪跟随自己多年的研究情况，感到费雪在学术上已经有比较深的造诣了，应该到外面去闯一闯，独立创业。

贝耶尔把费雪请到办公室，开门见山地说："这几年你的工作很有成效，不过我认为你还是应该接触更多的人，向更多的人请教和学习，到别的地方谋求发展。"

但是费雪却十分不愿意离开老师，一再请求留下来工作。

贝耶尔看着自己心爱的学生，恳切地讲："费雪，你听我说，我心里非常清楚，你在有机化学上的造诣已经比我深了，我已经没有什么可教你的了。该出去自己闯一闯了，别白白地在这里耗费时间了。"

费雪被老师的话深深感动了，这是老师的一片苦心，现在自己只有加倍努力，创造出新的成绩才能报答老师对自己的恩情，不辜负老师的愿望。其实，费雪早就闻名于世，国内外有很多大学都邀请他前往任教。他在老师贝耶尔的推荐下，选择了爱尔兰根大学，成为一名有机化学的教授，并开始从事嘌呤族的研究工作。它虽然是个不大的城市，但是，它刚刚为大学盖了新楼，实验室的设备也比较齐全，因此，费雪选择了它。朋友们为他举行了隆重的欢送会，学生们依依不舍地与他们爱戴的教授告别。费雪只携带了随身的必需品，就搭上了开往爱尔兰根的火车。

车厢的单间里原来只有他一个人，火车到纽伦堡时，进来一位美丽

的年轻姑娘，由一位看来是她父亲模样的老人陪着。老人向费雪打了个招呼，并自我介绍说："雅科布·冯·盖尔拉赫教授。"

费雪躬身还礼，也作自我介绍。

纽伦堡

"常听我的堂兄恩斯特·费雪提起您。我的堂兄也是一位解剖学家。很高兴同您，爱尔兰根的科学家认识，我也正要到那里去。"

两位教授就他们共同感兴趣的问题热烈地交谈起来。

盖尔拉赫的女儿阿格涅斯细心地倾听着他们的谈话，她怎么能想到，这位萍水相逢而且比她年长许多的人，几年以后竟会是她的丈夫。

费雪只顾和盖尔拉赫教授津津有味地交谈，对这位美丽的动人的小姐几乎没有留意。虽然，过去他常参加一些聚会和联欢会，却完全不善于同女性打交道，尽管他通晓音乐、戏剧、绘画，谈起话来妙趣横生，

德意志的思想圣地——慕尼黑大学

但一和女性相处，他就会觉得拘束起来。

对这位美丽的小姐也是一样，费雪感到只有滔滔不绝地和盖尔拉赫教授交谈下去，才可以摆脱教授女儿给他带来的困窘，然而他内心里却也生出一种奇怪的感觉，似乎很想和她亲近似的。

不知道自己已经对这位美丽的姑娘一见钟情了，在以后繁忙的科研之余，当他一身独处时，就愈来愈想念在火车上遇到的这位红颜佳人。

当然，后来他们如愿以偿地举行了婚礼，成为美满幸福的一对。

阿格涅斯给费雪带来了温暖和幸福，他们的生活充满乐趣，不久，费雪应邀出任维尔茨堡大学的化学教授，他们全家搬到了维尔茨堡。

维尔茨堡大学

维尔茨堡的生活轻松愉快。除了听音乐会、参观展览会和游览等消遣之外，按惯例，学术界每逢节日轮流到各教授家中聚会，谁也记不清这是什么时候形成的惯例。但大学都严格遵守。通常，出席集会的有医生、植物学家、哲学家、物理学家和化学家。集会上最隆重的时刻莫过于由一位来宾致贺词了，如果贺词充满幽默，那可真是满室生辉的时刻。

一次，在一位教授科尔劳什家举办的集会上，由费雪致欢迎词。当然，演讲内容他率先已经考虑好了。他从主人科尔劳什研究多年的电学谈起，继而把话题转入不久前出现的电灯。"……那种灯光柔和而充满了圣洁的光辉，就像在座的各位容光照人的女士发出来的，而我们美丽动人的科尔劳什夫人，则可与光辉灿烂的电弧相媲美！"

这篇演讲获得了极其热烈的掌声，费雪坐下来后，邻座的哲学教授赫寒尔俯身对他低声说："现在我才知道，你们化学家的口才远远超过哲学家。"

"过奖过奖。"费雪得意地笑了笑。

接受柏林大学聘任

费雪作为一位有机化学领域中出类拔萃的实验家和大理论家的声望引起了许多大学的重视。聘书从亚琛、苏黎世、海德堡、柏林接踵而来。费雪不愿离开维尔茨堡，但阿格涅斯和她父亲执意劝他接受柏林的邀请。

"这个教授职位可是德国所有大学中最优越的职位。"阿格涅斯说，"何况，柏林又是首都。"

"这不仅是一种荣誉，而且是对你学识的一种承认。"她的父亲赞同说，"承认你是德国卓越的科学家。拒绝应聘等于宣布你不敢担当我国化学界的泰斗。不能拒绝，埃米尔，你好好想想自己的条件，然后把

德意志的思想圣地——慕尼黑大学

这些条件向部里提出来。如果他们确实器重你,就会接受你的条件,那

苏黎世风光

海森堡风光

诺贝尔光芒

时你就可以按自己的愿望安排了。"

老费雪也劝儿子接受柏林的邀请。于是，埃米尔·费雪经过仔细考虑后向部里提出自己的条件：现在的研究所大楼已不能适应现代大规模实验工作需要，因此，必须修建和装备新楼。同时，楼内房间的布局应当便于实验工作。

"可是我们一定会遭到财政部的坚决反对的！柏林大学过去在化学方面做出不少发现，也并没有增加任何新设备。要求盖新楼，恐怕我提不出足够的理由来为您的建议辩护。"部里的顾问表示反对。

"这是我必不可少的条件，否则，我宁愿留在维尔茨堡。"

化学家的声誉和成就起了作用，谈判结果，部里的代表答应为化学研究所盖新楼，于是，费雪接受了邀请。

在柏林大学的化学研究所，费雪在嘌呤类化合物的研究方面取得了重大成就。1902年，由于费雪成功地解决了糖的结构以及在嘌呤衍生物、肽等方面的研究成果，在他50岁时荣获了诺贝尔化学奖。

费雪获得诺贝尔奖以后，仍然不懈努力，研究糖类和分离糖类积累起来的经验也用来研究蛋白质，不过，此项工作要比糖类复杂得多。但费雪和他的助手们还是毅然决定向这个困难进军。

甘氨酸二肽化学式

实验室的工作热火朝天地展开了。他们对蛋白质进行水解，最后制得了一种氨酸，这种氨酸稍有甘味，因此他们命名为甘氨酸。

经过多次改变试验条件，他们又进一步制出了甘氨酰甘氨酸，费雪把这种新物质命名为肽，确切地说，应称为二肽。

"下一步的试验目的是合成更为复杂的分子——三肽、四肽、多肽……"费雪对助手们说。

试验进行得很缓慢，一种试验不得不重复多次。但最后，他们成功地合成出了多肽分子。

这项实验成功的消息，不仅震动了科学界，全人类都为之欢欣鼓舞！

《维也纳日报》上出现了一篇耸人听闻的文章："在试管中合成蛋白质！"这条新闻成了星星之火，顿时引起报界的哄动，记者们极尽想象杜撰之能事，连幻想家也自愧不如了。他们认为，地球上人类食物的供应问题已经得到解决。他们描绘出一幅图景，仿佛在埃米尔·费雪"神通广大的实验室"里，能够把煤变成美味可口、营养丰富的佳肴。

费雪被这些消息搞得哭笑不得。是的，他确实找到了合成氨基酸的方法，但进行这项实验的代价极高，而步骤又非常繁多，因此根本还谈不上生产人造食品的问题。

1914年，费雪第一个合成核苷酸。他又被提名为诺贝尔生理学及医学奖候选人，但评奖委员会认为"再授予他奖金很难说是恰当的"，因而没有选上。"但是，就这已够这位科学家荣耀的了。他为人类做出了一步伟大的发现，足以使他彪柄史册，名重万代。

1916年，64岁的费雪开始埋头撰写他的最后一部巨著——自传。但他的身体状况却变得越来越糟糕。3年后，医生查出他得了不治之症——癌症。

走进科学的殿堂

费雪清楚地意识到等待他的是什么,但他毫不畏惧死亡。他从容地把他的一切事务都安排妥当。完成了著作手稿,把自传赶写完毕,但是,这位化学家没来得及看到它的问世。1919年7月15日,埃米尔·费雪与世长辞了,享年67岁。

诺贝尔光芒

德意志的思想圣地——慕尼黑大学

先天残疾的化学家

里夏德·阿道夫·席格蒙迪（1865.4.1—1929.9.23），奥地利德国籍的匈牙利裔化学家。1925年诺贝尔化学奖获得者，主要研究领域成胶体化学。月球上有以其名字命名的"席格蒙迪环形山。"

席格蒙迪于1865年4月1日出生于奥地利维也纳。西方国家把4月1日称为愚人节。其父为牙科在奥地利的发展做过很大的贡献，还发明了几种牙科医疗器材。席格蒙迪一家都热爱音乐，父母希望孩子们长大了以后都成为音乐家。可惜，席格蒙迪兄弟虽然个个视力极好，听觉却个个先天残疾，这使父母大失所望。

席格蒙迪

席格蒙迪的父亲在1880年早逝，席格蒙迪由母亲抚养长大，接受了全面的教育，另一方面也保持攀岩、登山和游泳等爱好。高中阶段，席格蒙迪培养了对自然科学，尤其是化学和物理的兴趣，并开始在家中自己做实验。

诺贝尔光芒

走进科学的殿堂

席格蒙迪在他 16 岁时，听觉先天的缺欠已经明显了，并且显得越来越差。如果人们说话的声音不是很高，他就完全听不见了。这确实是一个极大的遗憾。但席格蒙迪这一生理缺陷竟使他得到莫大的益处。当他在学习和思考问题的时候，不管旁人在一边说些什么，也不管别人的说笑、吵闹声是多么大，他都和没听见一样，仍然自己做自己的事，从来也不会受别人的影响。

维也纳一景

席格蒙迪做事态度严谨认真，从不会有马马虎虎的时候，这和他从小就养成的好习惯有着很大的关系。至于学习，那就更刻苦更认真了，常常到了废寝忘食的程度。16 岁时，席格蒙迪进入维也纳大学学习，他虽然是最年轻的学生，但他特别善于学习和观察，对化学分析尤其有着极其浓厚的兴趣。他的化学实验结果，有时比教授们做得还要准确。

德意志的思想圣地——慕尼黑大学

20岁时，席格蒙迪以优异的成绩毕业，前往慕尼黑大学深造。先天的生理缺欠并没能阻挡席格蒙迪成功的脚步。

24岁的席格蒙迪于1889年在慕尼黑大学获得了博士学位。这时他

维也纳大学

的母校维也纳大学向他发出了热情的邀请，希望他能去担任化学教授。但是为了进一步学习深造，他谢绝了这一美差，先在柏林化学研究院任助理研究员，全力以赴进行液体化学分析的研究。席格蒙迪后来离开有机化学领域，加入柏林大学奥古斯特·孔特的物理研究组。1893年在格拉茨大学完成德语国家教授资格考试。1897年，由于他在玻璃及其着色方面的知识，位于耶拿的肖特玻璃制造厂向他提供一份工作。席格蒙迪接受了这一工作，在该厂期间，他对茶色玻璃进行研究，还发明了一种玻璃，命名为"Jenaer Milchglas"。1900年，席格蒙迪从肖特玻璃制造厂离职，但仍留在耶拿，独立开展研究。也正是在那里，他发现了

黄金以极细的颗粒分散在水中形成的所谓"胶状金",能够制造出一种光泽像红宝石一样的玻璃,这一奥秘就是由于金属所成的溶胶的缘故。席格蒙迪深入地研究了这些溶胶的性质。他最后发现分散或提取这些金属的细微碎粒还可以用电解的方法。

席格蒙迪的研究渐渐引起了专家们的重视。闻名全球的耶拿蔡斯工厂的著名化学专家西登托夫极力保荐,使蔡斯工厂拨出巨款供他研究之用。席格蒙迪研究的胶体化学跟人们日常生活的关系极为密切,比如面团、乳汁、油漆、土壤等等都属于胶体范围。席格蒙迪在这方面的研究取得了极大的成果。他与光学器材厂商蔡司公司合作,研制出一种极为精细的狭缝超显微镜。利用这种超显微镜可以观察到直径只有一亿分之一米的任何细粒,所有烟雾、泡沫、薄膜、溶胶细粒的情况都可以看得一清二楚。这种超显微镜的发明给当时的科学界以巨大的震撼。

格丁根大学

后来,席格蒙迪又通过实验证明溶液的光泽与溶液的量有关。接着

他又用电解的方法阐明了怎样保护胶体的稳定，以及怎样破坏胶体使之凝结沉淀出来，这就解决了生物化学、细菌学、土壤物理学上许多长期未能解决的难题。1925年席格蒙迪因对于胶体溶液的研究成果并确立了胶体化学而荣获诺贝尔化学奖。非常不幸的是，这时他的两耳几乎已经完全失去了听觉功能，什么声音都听不见了。

　　席格蒙迪于1908年前在哥延根大学担任无机化学教授。执教20年之久，一边教学，一边从事研究。由于他存在先天缺陷，好静不好动，身体衰老较快。后来视力也衰退。1929年，年仅64岁的席格蒙迪在格丁根大学与世长辞了。

走进科学的殿堂

有机化学的开拓者

海因里希·魏兰德（1877—1957）是一位以发现胆酸及其化学结构而闻名于世的德国化学家，他由此而获得了1927年诺贝尔化学奖。

魏兰德出生在德国一个世世代代经营银器首饰的商人家庭里。他家制作的银器首饰工艺精巧，全国闻名。历代帝王和皇亲国戚都很赏识。魏兰德的父亲是个墨守成规的人，一心只想继承祖先遗业，希望子子孙孙都做银匠，此外别无他求。而魏兰德的母亲出身于书香门第，热爱科学，向往革新，颇有远见卓识。她殷切地希望儿子具备渊博的知识，成为一个科学家，再也不能像丈夫那样，除了做银器首饰，连字都不认识几个。父母双方在对儿子培养教育方向上的意见发生了严重分歧，而且各持己见，互不相让。在这个问题上，母亲的决心很大，态度很坚决。当她经过反复努力仍然说服不了丈夫时，毅然决然带着儿子住到了文化气氛很浓的娘家。

魏兰德

诺贝尔光芒

德意志的思想圣地——慕尼黑大学

魏兰德从小聪明好学，喜爱读书，尤其对数理化方面兴趣更浓。住到外祖父家里后，他得到科学知识丰富的外祖父的精心培育，更加如饥似渴、孜孜不倦地学习各种科学文化知识，进步非常之快，短短的几年里就打下了坚实的科学知识基础。

魏兰德有时候也跟随母亲回到家里住上几天，当小魏兰德看到文化贫乏的父亲在结算卖首饰的账目显得非常困难时，就主动去帮上一把。慢慢地父亲也就不再固执己见，转而乐意送儿子上学读书了。从此，魏兰德得到父母的双重支持，学习更加努力了。他一步一步在科学的道路上前进，终于取得了举世瞩目的成就。

魏兰德以优异的成绩考入柏林大学深造。毕业后又到斯图加特大学专攻化学。不到20岁的魏兰德就分析出了吗啡碱、蛇麻子调味素等的化学成分；22岁时获得慕尼黑大学的哲学博士学位。

一个银匠的儿子，竟能获得博士称号，这一特大喜讯在魏兰德的家乡轰动开来，人们纷纷前来祝贺。兴奋之至的父亲，亲自驾车把他母亲从娘家接回家来，和亲朋好友们一同赶往慕尼黑，去参加儿子接受博士学位的盛典。当他看到魏兰德戴上博士帽时，激动得热泪盈眶，不停地摇晃着妻子的双手。正当父亲兴奋之极时，突然背上轻轻地挨了一拳，原来是魏兰德的弟弟，小银匠亚佛里德·魏兰德专程赶来参加哥哥的庆典。他已跟随父亲从艺7个年头，长成了18岁的小伙子，看到哥哥取得的成绩，他再也压制不住内心里强烈

斯图加特大学

诺贝尔光芒

99

的求知欲望了。这时的父亲也完全理解了小儿子的心理，改变了硬要小儿子当银匠的决定，思想变得开通起来，非常乐意地让儿子的一切都由母亲去安排。于是，他们的小儿子得以攻读电气专业，成为第二次世界大战前德国著名的电气工业家。

魏兰德在回忆自己不平凡的生平经历时，曾意味深长地说："父亲是那样严峻，简直蛮不讲理，幸而母亲倔强，不然我这个人就不会有今天。"

德意志的思想圣地——慕尼黑大学

揭开未知射线的奥秘

威廉·康拉德·伦琴（1845.3.27—1923.2.10），德国实验物理学家。伦琴于1845年出生在德国尼普镇的布匹商的家庭。3岁时全家迁居荷兰并入荷兰籍。1865年迁居瑞士苏黎世，伦琴进入苏黎世联邦工业大学机械工程系，1868年毕业。1869年获苏黎世大学博士学位，并担任了物理学教授A·孔脱的助手；1870年随同孔脱返回德国，1871年随他到维尔茨堡大学和1872年又随他到斯特拉斯堡大学工作。1894年任维尔茨堡大学校长，1888年他被任命为维尔茨堡大学物理所物理学教授兼所长。1895年，伦琴在这里发现了X射线。1900年任慕尼黑大学物理学教授和物理研究所主任。1923年2月10日在慕尼黑逝世。

伦 琴

诺贝尔光芒

101

走进科学的殿堂

波折学途

母亲康斯坦茨在荷兰的兄弟、亲戚，多处于高职，他们对当时德国充满恐惧和不安的局势都很敏感。康斯坦茨比丈夫眼界开阔，她为儿子的前程担忧。

在母亲的坚持下，就在小伦琴3岁那年，他们举家迁入波兰的阿培尔顿。

阿培尔顿风光

阿培尔顿是一个美丽的城市，整洁的街道，浓密的树荫，碧绿的草坪，让小伦琴充分享受了大自然的恩赐。他越来越淘气，成天和邻居的娃娃们一起跑着、跳着，举着木棒模仿着大人作击剑运动。

后来上了学他依旧淘气贪玩。

德意志的思想圣地——慕尼黑大学

临近小学毕业的时候,老师对伦琴的父亲说:"您的孩子,虽然成绩比较一般,但他心灵手巧,做啥像啥,很有门道,看来大有前途啊!"

伦琴的父亲听了这番话很满意,以为儿子将来做伦琴商店的第五代老板没有问题了。

可母亲的想法却完全不同,她对儿子抱有更大的希望,作为荷兰人,在她身上流着前辈向海外进发的开拓者和探险家的血液。她要把儿子培养成一个了不起的人。决定把孩子送到乌得勒支外公家里去,让他见一见大世面。

伦琴对母亲的考虑深感震撼,他对未来憧憬着。

伦琴带着妈妈的期望、一片好奇心和说不清的幻想,前往乌得勒支。

"咦,怎么到处都是风车呀?有的红、有的蓝,都在咿咿呀呀地转。它们为什么会转?它们是用来干什么的?"从无边的幻想中回到沿途所见的景物上。他只觉得风车真好玩儿,却不知道风车是排水的设施。

乌德勒支街角一景

没有几天,在这些亲人的带领下,小伦琴就把乌得勒支好玩的地方都跑遍了。舅舅告诉他:这里是荷兰中部,离阿培尔顿只不过60公里,这里是阿姆斯特丹运河沿岸的一个重要港口,还是一座历史名城。表兄妹们陪他参观了古老的大教堂,那座高达100多米的塔,给他一种庄严神圣的感觉。

外公是位医生,性格随和、幽默。外婆和蔼可亲,就是有点唠叨。两位舅舅很有知识。他们把风车是靠风力转动的原理讲得明明白白,使伦琴对机械产生了浓厚的兴趣。他们成了小伦琴心中的偶像。

上了中学的伦琴,学习没有明显的起色。他只是醉心于机械原理,见到机器就要摆弄摆弄。上课的时候,往往老师的一句话,就引起他许多联想,他就像连珠炮似的提起问题来,打也打不住。老师觉得他提的问题稀奇古怪,让人头痛、心烦,甚至认为他思维能力不健全。许多同学不能理解他,说:"嘘,伦琴又冒傻气了。"

伦琴有个好朋友,是小胖子卡莱鲁·拉伊达。每当星期日,伦琴都要到郊外去,拉伊达总跟着。

一个星期天的下午,伦琴同拉伊达从郊外回来,搭上一位老大爷的马车。嗒嗒的马蹄声,节奏明快,使人兴奋。

"老大爷,让他赶车吧,他赶过。"拉伊达替伦琴大胆地提出了请求。

老大爷回头一看,伦琴这孩子虎生生的,就把鞭子递给他,同他换了位置。

"哒!哒!"伦琴甩开鞭子大声喊着,马儿轻快而平稳地奔跑起来。

"这孩子,还真有两下子。"老大爷微笑着举起大拇指。

"听口音,你们不是荷兰人。"

"没错儿,我是瑞士人,他——"拉伊达指着伦琴说:"是德国人。"

"老大爷,请给我们说说小丘上那些风车是干啥的吧?"伦琴突然想起了这个还不太清楚的问题。

"你们看,荷兰的地势多么低,1/3的土地海拔不到1米,1/4的

土地低于海面，最怕发生水灾。这就得修堤坝挡住海水，用风车排除海水呀。"

"啊，原来风车是抗洪英雄呀。"两个孩子齐声说道。

"讲得好，真聪明。现在我给你们讲一个抗洪小英雄的故事吧。"老大爷接过鞭子，把车停在河堤边。

"这个小英雄，也是一个中学生，每天放学都要帮别人看管风车。那是在一个刮着狂风、下着暴雨的午后，他又来到海堤上。走着走着，突然发现堤坝上有个小窟窿，海水咕嘟咕嘟地冒了出来。他立刻想到奶奶的话：'洪水无情，比猛兽还凶。'他知道小窟窿很快会变成大窟窿，堤坝很快就会崩溃，海水很快就会吞没荷兰。风越刮越猛，雨越下越大，这可怎么办哪？"

"赶快去找大人吧。"拉伊达说。

"来不及了。附近没有村庄，远处的学校也放学了。这个小英雄只好把书包一扔，急忙把双手插进冒着泥水的窟窿里。冰冷的泥水浸泡着他的手臂，先是痛疼难忍，后是麻木肿胀。泥水溅了他一脸，迷了他的双眼。他咬紧牙关拼搏着，扯着嗓子大声呼喊：

'喂，喂！快来人哪！'

'不得了啦，不得了啦！海水从堤坝下边冒出来啦。'

他喊不出声了，眼泪也哭干了。在这样的暴风雨中，天又快黑的时候，哪还有过路的人呀？"

"后来怎么样？小英雄怎么样？"伦琴和拉伊达焦急地问道。

"第二天早晨，暴风雨终于停下来，人们发现小英雄的心脏已经停止跳动了，两只胳膊还是牢牢地插在那个窟窿里。这个少年牺牲了他的宝贵生命，挽救了祖国成千上万的人民。荷兰所有的教堂都为他敲响了祈祷祝福的钟声。全国的人都流着眼泪向他默哀致敬。"听完这个故事

以后，伦琴成熟了许多，开始了关于人生价值的思考。

上了高中，伦琴照样贪玩，他天生不喜欢背诵那些呆板的条文，因而在老师的心目中依旧够不上一个好学生。

有一次，班里的一位同学，在教室火炉挡上画了一幅肖像画，讽刺一位不受欢迎的老师。伦琴觉得他画的漫画像惟妙惟肖，十分传神，禁不住哈哈大笑起来，引得同学们也跟着笑。

或许是笑声引起了校长的注意，不知怎么校长突然出现在教室里，笑声戛然而止。伦琴也赶紧闭上嘴，心里仍在笑着。校长不能容忍这种蔑视老师尊严的行为，他环视了在场的学生，目光停在伦琴身上，这位同学成绩平常，傲气却不少，这会儿眼睛还看着天花板呢。

"伦琴！这是谁干的。"校长指着火炉挡上的漫画问。

"对不起，校长，我没有注意到这件事。"伦琴故作镇静地回答道。

"撒谎！我明明看见你在大笑！如果不是你画的，那你一定知道是谁干的。今天你必须说出是谁画的！"

伦琴只有沉默。在伦琴的心中，告密会被看成小人，就是出卖朋友，他是绝对不会做这种事情的。

校长找来了教导主任，两人一起反复动员伦琴交待画画的人，而伦琴始终默不吭声，他认准的道理是不会轻易改变的。

后来，伦琴被叫到了办公室，老师一再盘问："你不想当好学生吗？要包庇做了错事的同学？"

"老师，您不是告诫我们要忠实于朋友，万万不能做告密的事吗？"

学校的"声誉"，校长的"尊严"，老师的"荣誉"均不能容忍伦琴的沉默，为此校方召开了一次紧急会议，一致认为：事情虽小，却性质恶劣，必须严肃处理，否则校风日下，老师尊严何在？学校为示惩戒，以不透露违反纪律同学姓名为由，开除了伦琴。

离开了学校，而且是被开除而离开的，看来伦琴是失去了报考大学的资格。伦琴不得不去考苏黎世综合技术学院，因为只有这所学院可以招收没有一般学历证明的青年。困难没有压倒伦琴，而是更激发了他的努力奋发的精神；为了将来能有个好的职业，伦琴咬咬牙，决心一定要考上大学。他放弃了自己的许多爱好，付出了比别人多几倍的劳动，用了几乎一年的时间学习和补习各种功课。功夫不负有心人，1865年，伦琴如愿地考取了苏黎世综合技术学院。但是被开除事件很长时间一直影响着伦琴的发展。后来，他在大学任教，评职称时又遇到麻烦，其原因仍是他拿不出中学的毕业证书。

1868年8月6日，伦琴以优异的毕业考试成绩获得了工程师证书。这三年中，伦琴快乐地生活，努力地学习。这时伦琴的兴趣又转到基础科学研究方面。他在当时著名的物理学教授孔特指导下从事研究。

某星期天，伦琴和孔特一起做实验，照例是伦琴先做好准备，然后在一旁协助。实验还没有做完，孔特有事先走了，伦琴想既然实验已经开始了，就一鼓作气完成吧。实验进行中，需要一件精密仪器，而这件仪器放在一个特殊的地方，那是一间专门存放孔特自己管理的精密仪器和玻璃器皿的地方。其他人是不可以随便动这些东西的。伦琴认为，这个实验是孔特老师自己设计的，而实验又必须要使用这种仪器。伦琴没怎么想就去取自己想要的仪器。

恰巧，孔特教授回来了，看到后很是生气，严厉指责伦琴。伦琴认为自己没有错，据理反驳，而此刻的孔特已怒气冲天，言词不免过激，伦琴觉得自己受到了侮辱，也就气冲冲地争辩起来，一时间两个性格暴躁的人吵了起来，师生情谊被抛到九霄云外，伦琴一气之下摔门离开了实验室。

过后，孔特气消了，仔细一想，觉得伦琴说得没错，再加上平时他

对伦琴的了解，觉得伦琴诚实、勤奋，于是他找到伦琴，又一起进行他们的研究。

再后来孔特在做维尔茨堡物理学讲座时，也带伦琴去。在孔特的帮助下，伦琴在学术上有了很大的进步。当伦琴成为著名的科学家时，他仍然没有忘记老师的教诲。

一种新射线的诞生

1894年，伦琴当了维尔次堡大学的校长。但是，他依然坚持不懈地进行物理研究和实验。他说："实验是最有力、最可靠的手段，能使我们揭开自然界的秘密；实验是判断假说应当保留还是应当放弃的最后鉴定。"

1895年，伦琴已经50岁了，但却带着科学家永不衰竭的好奇心，十分起劲地去研究阴极射线。

什么叫阴极射线呢？在一个玻璃管里，装上两个金属电极，加上电压以后，慢慢地把管里的空气抽出来，当管内的气体十分稀薄时，从阴极射出来的电子受到阳极的吸引，撞到玻璃壁上，便产生一种射线。这种射线就叫"阴极射线"。研究阴极射线常用的放电管是像一只梨子的克鲁克斯管。

11月的一个傍晚，伦琴还在维尔茨堡大学物理研究所大楼的实验室做阴极射线实验。和平时一样，他一个人在实验室工作。伦琴选了一支梨型的发电管，用黑纸套把它包裹得严严实实，然后关闭了所有门窗，使屋子里黑下来。伦琴想试验一下黑纸套是否漏光，当他接通电源后，没想到却发现了一种奇异的现象，旁边两米远的一个工作台上发出闪烁的绿色荧光，伦琴连忙切断电源，可荧光也随之消失了。

德意志的思想圣地——慕尼黑大学

伦琴多次重复了这个实验,每次都有同样的荧光出现。伦琴心头为之一振,他隐约感到这是一种新的现象,他急忙划了一根火柴,想看个究竟。使他大为震惊的是,原来神秘的荧光是来自工作台上镀有一层亚铂氰化钡的小屏。

小屏为什么会有荧光出现呢?他反复查看放电管和发出荧光的小屏,仍然找不到设备上有什么不同。放电管虽然能发出阴极射线,但它在空气中只能通过几厘米,不可能达到两米远的工作台。伦琴又重复实验,并把小屏不断挪远,结果还是一样。伦琴心里有了一种结论:"肯定是放电管还能发出一种新的射线。"

为了能得到正确的结果,他又开始多次重复实验。他先后把木头、铝、橡胶等放在放电管与屏幕之间,结果都被这种新的射线所穿透。最后,伦琴找来一块铅板,这种新射线终于被挡住了。伦琴在实验室里整整干了6个星期,初步弄清了这种射线的特性。这期间,伦琴夫人不知道他发生了什么事,很是担心。

伦琴对于妻子的怀疑和担心,一时无法说清楚。于是,他只好把妻子带到实验室,让她亲自看看他迟迟不归的"秘密"何在。伦琴本人也是一名入迷的业余摄影爱好者。伦琴发现,他命名以"X射线"的神秘光线,也可以让摄影底板曝光。为此,他设计了一种特殊的装置。就在1895年圣诞节前夕的这一天,他给他妻子的手,拍了一张X光片。如今,人们就把这一天,看作是放射科的诞生之日。而这张历史上最著名的伦琴夫人手骨的相片就珍藏在伦琴博物馆,该博物馆设于伦琴的出生地——德国的雷姆沙伊德-伦纳珀。

伦琴当时无法说明这种未知的射线,就用代数上常用来求未知数的"X"来表示,把它定名为X射线。12月28日,伦琴发表了《论一种新射线》论文,并出示了X射线的相片。

诺贝尔光芒

走进科学的殿堂

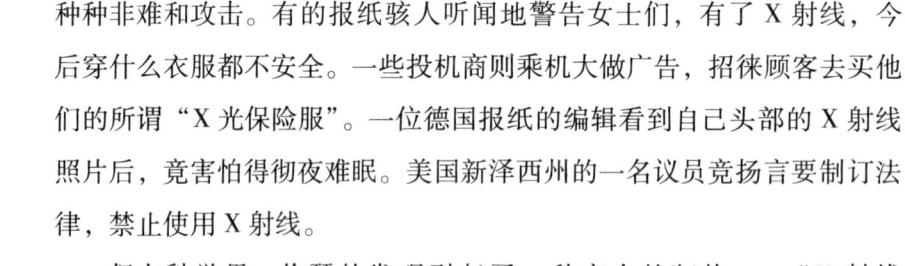

伦琴的发现震惊了全世界，人们惊奇不已，激动异常。很快，这种反响波及多个领域。由于知识的局限，人们对伦琴夫人的手骨照片进行种种非难和攻击。有的报纸骇人听闻地警告女士们，有了 X 射线，今后穿什么衣服都不安全。一些投机商则乘机大做广告，招徕顾客去买他们的所谓 "X 光保险服"。一位德国报纸的编辑看到自己头部的 X 射线照片后，竟害怕得彻夜难眠。美国新泽西州的一名议员竟扬言要制订法律，禁止使用 X 射线。

但在科学界，伦琴的发现引起了一种完全的狂热——"X 射线热"。几乎所有欧洲的实验室都立即用克鲁克斯管来进行试验、拍照；数以百计的科学家一夜之间都变成了 X 射线的"专家"；报刊上也塞满了各种 X 射线照片，如头骨、手骨、脚骨照片等。几个星期之后，医学家就把 X 射线应用到接骨手术上。伦琴的发现，在当时是一项多么了不起的成就啊！

1896 年 1 月 13 日，德国皇帝接见了伦琴，他给皇帝演示了他的 X 射线。要给皇帝表演这件事一直使伦琴感到紧张，"我希望我使用这个管子时将托皇帝之福，遇上好运气，"他说，"因为这些管子是非常易碎的，经常被损坏……抽空一根管子需要四天。"但是没有出什么事。像伦琴收到的这样一种去宫廷的邀请，除了讲演和演示之外，还要与皇帝一同进餐，接受一枚勋章（二级普鲁士王冠勋章），离去时，为了表示对陛下的尊敬，还得退着走出来。关于这一点，理查德·威尔斯泰特，对叶绿素复杂机制作出解释的大有机化学家说，他和氨的合成者弗里茨·哈贝尔，在取得了他们的发现后，也曾期待着皇帝的邀请。所以他们练习倒退着走路。威尔斯泰特是一位精制瓷器的收集者，在他们练习倒走的房间里有一只昂贵的瓷瓶，不出所料，他们的练习以这只瓷瓶被打碎而告终。虽然他们没有受到皇帝邀请，但他们所做的练习并不是

德意志的思想圣地——慕尼黑大学

徒劳无益的。后来两人都获得了诺贝尔奖金。按照礼节，在他们从瑞典国王手中接过奖品之后必须倒退着走路。

哥伦比亚大学一景

伦琴发现了X射线之后，物理学家和医学界人士赶紧研究这种新的射线。在1896起已有1000篇以上关于这个课题的论文。在1896至1897年间，伦琴自己只写了两篇关于X射线的文章。然后，他回到原先研究的课题上去，在以后的二十四年里写过七篇只引起短暂兴趣的文章，而把对X射线的研究让给了其他的年轻的新生力量。

接着，沃兹堡大学授予了他荣誉医学博士学位；他的诞生地兰里普授予他荣誉市民称号；柏林科学院和慕尼黑科学院选他为通讯院士；伦敦皇家学会授予他朗福德勋章；哥伦比亚大学授予他巴纳德勋章；柏林的波茨坦桥上树起了他的塑像；1901年，伦琴获得首届瑞典科学院诺

诺贝尔光芒

111

贝尔物理学奖。

伦琴是个品德高尚的人，为人谦恭礼让，对荣誉和金钱很是淡漠。1901年12月10日去斯德哥尔摩领奖时，他拒绝在授奖典礼上发表演讲，谢绝了许多盛情邀请，迅速回到德国，并把5万瑞典克朗奖金全部送给沃兹堡大学用于发展科学研究。当时很多商人用高价收买X射线专用权，伦琴一概予以拒绝，自己也不申请专利，将X射线毫无保留地公诸于世，让它为全人类服务。巴伐利亚王子想以贵族爵位的头衔笼络他，结果也碰了钉子。1905年伦琴发现X射线10周年时，一批科学家在柏林举行"伦琴大会"，他反对用他的名字命名大会，因而拒绝出席。伦琴誉满全球时，没忘他的指导老师孔特教授。孔特教授生病后，伦琴每月都要写信问候。并在日记里经常提到教授对他的好处。1896年伦琴在接受皇家朗福德奖时，他饱含热泪地对与会者说："我今日的荣誉应归功于在天的孔特教授……朋友们，研究学问犹如在黑暗中摸索，多么需要温暖、友谊和帮助啊！"

伦琴也像他的老师孔特教授一样，非常热爱青年、关心青年。他对青年人从不吝惜时间、精力和知识，很是乐于助人。

伦琴的晚年生活充满不幸。第一次世界大战给他留下了阴影，并带给他贫困，还有就是他的妻子长期患病，并先他而去。他给一位朋友写信说："庞大无边的孤独沉重地压倒了我……"。1923年，伦琴患病在慕尼黑离世，享年78岁。

成为永存人们心中的代名词

伦琴奖金

奖项名称：伦琴奖金

德意志的思想圣地——慕尼黑大学

其他名称：Rontgen Preis

创办时间：1974 年

主办单位：德国吉森尤斯图斯·利比希大学

奖项介绍：

伦琴奖金是德国吉森尤斯图斯·利比希大学颁发一项奖励，由德国的两家公司于 1974 年共同设立，他们是韦茨拉尔的阿图尔·普法伊费尔股份有限公司和霍伊歇尔海姆-吉森的顺克·埃贝股份有限公司。这两家公司为伦琴奖金一直担保了 6 年，也就是说一直担保到 1980 年。伦琴奖金每年颁发一次，奖金金额为 5000 马克，主要授予年青科学家，

吉森大学

奖励他们在放射物理学与放射生物学领域基础研究中所写的优秀论文或

诺贝尔光芒

其它形式的杰出贡献。伦琴奖金的评选委员会由两家创办公司和吉森大学的代表组成，负责对由颁奖委员会推荐出的候选人进行评选。伦琴奖金可授予一人，也可由几人分享。

伦琴奖金以德国物理学家威廉·康拉德·伦琴的姓氏命名，是为了纪念他对现代物理学作出的巨大贡献。伦琴1845年生于德国伦内普，也就是现在的雷姆沙伊德－伦内普，1879—1885年曾任吉森大学物理研究所所长。他在科学上的最大贡献是发现X射线，后来也有人称为伦琴射线。X射线的发现给现代物理学提供了一种新的研究手段，在光电效应研究、晶体结构分析、金相组织检验、材料无损探伤、人体疾病的透视与治疗方面都具有广泛的用途。伦琴因发明X射线而闻名于全世界，1901年获得了第一届诺贝尔物理学奖。还获得普鲁士二级王冠勋章、英国皇家学会伦福德奖章、哥伦比亚大学巴纳德奖章等。伦琴于1923年去世，他一生在物理学许多领域都进行过研究，50年中共发表50多篇论文。

卫　星

伦琴卫星（Röntgensatellit，缩写为ROSAT）是德国、美国、英国联合研制的一颗X射线天文卫星，为纪念发现X射线的德国物理学家伦琴而命名。这颗卫星原计划由航天飞机发射，由于挑战者号事故，推迟到1990年6月1日，用德尔塔Ⅱ型火箭在美国卡纳维拉尔角发射升空。卫星上搭载有两台成像望远镜，工作波段分别为0.1－2.4keV的软X射线和0.06－0.2keV的极紫外线。其中X射线望远镜采用4层沃尔特Ⅰ型掠射式望远镜，总接收面积为1140平方厘米，分辨率可达5角秒。

德意志的思想圣地——慕尼黑大学

1990年7月到1991年2月，伦琴卫星进行了为期6个月的软X射线巡天观测。在后来的9年里，伦琴卫星探测到了150,000个X射线源，取得了一批重要的成果，包括拍摄到了月亮的X射线照片、观测了超新星遗迹和星系团的形态、探测了分子云发出的弥散X射线辐射阴影、孤立中子星、苏梅克－列维9号彗星与木星碰撞发出的X射线、双子座X射线源杰敏卡的脉动等等，还发现了彗星的X射线辐射。

1999年12月12日，伦琴卫星停止工作。

重元素111

迄今为止最重要的化学元素111举行命名仪式，正式将其命名为

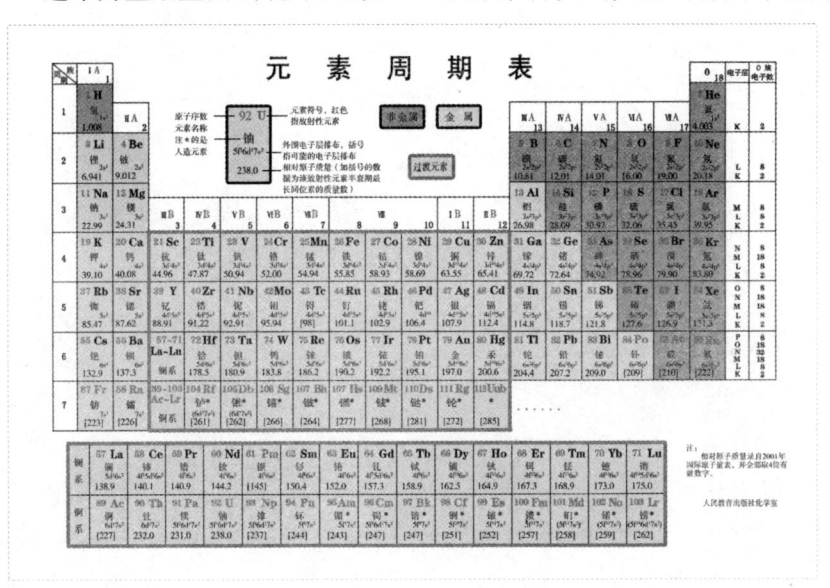

元素周期表

"伦"，以纪念发现伦琴射线的第一位诺贝尔物理学奖获得者威廉——

伦琴。

化学元素111是德国重离子研究中心西尔古德·霍夫曼教授领导的国际科研小组在1994年首先发现和证实的。2003年，国际化学联合会正式承认了该研究中心首先发现了化学元素111，并在2004年接受了将其命名为Rg的建议。在物理学家伦琴发现伦琴射线111年之际，位于德国达姆斯施塔特的重离子研究中心举行仪式，正式将化学元素111命名为"铊"。

德意志的思想圣地——慕尼黑大学

量子论的奠基者

马克思·普朗克（1858.4.23—1947.10.3），德国理论物理学家，量子论的奠基人之一。普朗克的伟大成就，就是创立了量子理论，这是物理学史上的一次巨大变革。

普朗克

普朗克于1858年4月23日生在基尔，普朗克出生在一个受到良好教育的传统家庭，他的曾祖父戈特利布·雅各布·普朗克马克斯·普朗克和祖父海因里希·路德维希·普朗克都是哥廷根的神学教授，他的父亲威廉·约翰·尤利乌斯·普朗克是基尔和慕尼黑的法学教授，他的叔叔戈特利布·普朗克也是哥廷根的法学家和德国民法典的重要创立者之一。少年时代在慕尼黑度过。在中学时他热爱劳动，责任心强，聪慧勤奋，成绩单上的评语是"尽管在班里年龄最小，但头脑非常清醒而又逻辑性强"。有条不紊、一丝不苟是他的作风。普朗克在16岁时就完成了中学的学业。普朗克十分具有音乐天赋，他会钢琴、管风琴和大提琴，还上过演唱课，曾在慕尼黑学生学者歌唱协会为多首

诺贝尔光芒

走进科学的殿堂

歌曲和一部轻歌剧（1876年）作作曲。但是普朗克并没有选择音乐作为

基尔大学一景

他的大学专业，而是决定学习物理。1874年入慕尼黑大学，1878年毕业，次年获该校哲学博士学位。1880—1885年在慕尼黑大学任教。1885—1888年任基尔大学理论物理教授。1888年基尔霍夫逝世后，柏林大学任命他为基尔霍夫的继任人，先任副教授，1892年后任教授。由于1900年他在黑体辐射研究中引入能量量子，荣获1918年诺贝尔物理学奖。

深明大义的坚强老人

1946年，伦敦英国皇家学会举行"牛顿诞生300周年"的纪念会。

德意志的思想圣地——慕尼黑大学

这个纪念会因战争而推迟了3年。在与会的来宾登记簿上,有这么一位特殊的人物:

姓名:马克斯·普朗克　　职务:教授　　国籍:无

其实普朗克来自刚刚在二战中战败的德国。当时,人们还远没有从德军的第二次世界大战的炮火血泊中恢复过来,他们对惨无人道的德国法西斯心有余悸,任何人都不想和这个曾经给世界带来深重灾难的国家发生关系。但作为德国科学发言人的普朗克,偏偏在此时受到了曾经饱受德军战火之苦的英国人的盛情邀请,这是为什么呢?其原因不仅在于他的伟大科学成就,而且也在于他本人伟大的人格。在战时,他对希特勒政府采取的不合作态度,他本人在战时的悲惨遭遇,以及他身处逆境却顽强直面人生的勇气,使人们对这位已经88岁的老人充满了崇敬之情。

两次世界大战,让普朗克饱经悲创。虽然普朗克作为物理学家获得了人们高度的评价,可他的个人生活却遭受到惨痛的悲剧性打击。他的第一位妻子1909年去世,他4个子女中有3个在第一次世界大战期间或战后不久去世——大儿子阵亡,2个女儿死于分娩时,他们的第四个孩子,即第二个儿子被纳粹怀疑参与了暗杀希特勒的计划,于1945年被纳粹处决。

希特勒

普朗克本身也受到纳粹狂潮的迫害。他没有因为希特勒的宣传而动摇自己的信念。他从不利用自己的声望来支持纳粹政权,甚至当面驳斥希特

勒的政策，终而遭到冷遇。二次大战期间他为受迫害的犹太籍科学家提供过尽可能的支持与帮助。事实上，普朗克被迫于1937年辞去威廉皇家学会会长职务的原因，是他努力帮助犹太同事。

而他的家、他收藏一生的书籍和记载着他一生奋斗足迹的手稿和日记，都在1944年盟军轰炸柏林时化为灰烬。这样的打击是任何一个铁血汉子都难以承受的，但这位垂暮老人却勇敢地承受住了这一切，这是怎样的一种毅力啊！第二次世界大战结束不久，普朗克就恢复了原威廉皇家学会的会长职务，这个学会至今仍然是世界上最受尊敬的研究机构之一。

普朗克一生除物理学外还喜好音乐和爬山运动。80岁和84岁高龄时还登上3000多米的高山大威尼迭格峰。普朗克于1947年在哥廷根去世，享年89岁。德国政府为了纪念这位伟大的物理学家，把威廉皇家研究所改名叫普朗克研究所。

奉科学为至高无上的上帝

普朗克因家庭渊源而信奉上帝。他的祖父和曾祖父都是哥廷根大学的神学教授；父亲虽然一改家风，成了基尔大学和慕尼黑大学的法学教授，但也笃信宗教；母亲也出生于一个牧师家庭。浓郁的宗教气氛弥漫在家庭中，使上帝早早地在普朗克的心中扎了根。小学时他是一个忠实的路德教信徒，中学时经常在宗教和行为举止等方面获奖，长大后也从未怀疑过有条理的宗教的价值。从1920年开始，一直到1947年去世，他都是绿森林教区的长老。

当然，对普朗克来说，他更信奉的是大自然。1937年5月，普朗克在波罗的海沿岸各省作题为《宗教与科学》的演讲结束时，曾提出

德意志的思想圣地——慕尼黑大学

了一个响亮的口号:"向上帝走去!"这句口号的含义可以用爱丁顿的一句话来解释:"现代物理学绝不是使我们远离上帝,而是必然地使我们更接近上帝。"普朗克一生对科学真理的追求就是一个"向上帝走

波罗的海一景

去"的过程,也就是说,普朗克心中至高无上的上帝其实就是物质世界,就是自然科学,作为普朗克对大自然这个万物之主的一种膜拜形式,他84岁那年还曾登上一座海拔3000米高的山峰。他恪守他的导师赫姆霍茨的一句名言:"散步是自然科学家的神圣天职。"而他在科学上作出的贡献则是他献给上帝的最好的祭品。

立志要做物理学家

笼罩在普朗克家庭里的沉重肃穆的宗教气氛，给普朗克的童年带来了一种被压抑了的快乐。他不能像许多小孩一样放肆地玩耍淘气，但他可以从书本、音乐、散步、思考等活动中获得快乐。正是在思考中，他迈出了走向物理学的第一步。

在他7岁那年，一天，正在看书的小普朗克突然听到窗户外有小孩的叫声和笑声。他跑到窗前打开窗户一看，原来有几个小孩在打雪仗。看到小朋友们那无拘无束的高兴劲儿，普朗克心里别提有多羡慕了。他关上窗户跑到父亲房中，但看到父亲那一脸的严肃，到了嘴边的话又只好咽了回去。重坐下来的普朗克怎么也看不进去书了，他情不自禁地又来到窗前，但玻璃却被什么东西挡住了，外面的景物什么也看不到。他只得把视线收回来，落在眼前的窗户上。这时，他发现了一幅美丽的景象：窗玻璃上结满了冰花。它们有的像小草、有的像小树、有的像小狗，漂亮极了。可是它们是谁画的呢？小普朗克陷入了沉思。这个问题有点超出他的想象，他想了老半天，却怎么也想不明白。

吃饭时父亲发现小普朗克一直没有好好吃饭，就问他怎么回事。小普朗克鼓起勇气说了自己的疑问，一向严肃的父亲听完了儿子的问题之后，脸上露出了少有的笑容。他耐心地给儿子解释冰花是一种常见的物理现象，饭后还给儿子找了一本物理学的入门书，并且告诉儿子：有不懂的地方可以随时问他。父亲的开恩使普朗克受宠若惊，他把这种恩宠化作了学习的动力，也因此使他对物理学产生了兴趣。

随着普朗克的渐渐长大他对物理学的兴趣也逐步加深。他的老师缪勒在讲到能量守恒原理的时候给他们讲述一个辛辛苦苦把一块沉重的砖

德意志的思想圣地——慕尼黑大学

头扛上屋顶去的泥瓦匠的故事。缪勒说：泥瓦匠在他找砖的时候所做的功并没有消失，而是原封不动地被储存起来，也许能储存很多年，直到也许有那么一天，这块砖头松动了，以致于落在下面某一个人的头上。缪勒讲得很生动，这使能量守恒原理"宛如一个救世福音"种在了普朗克的心田。从此，这一原理深深扎根在普朗克的脑中，它对普朗克走进科学起了非常重要的作用。

要选择将来的发展方向了，他陷入了踌躇，因为除物理学之外，他还对音乐有着非同一般的

舒伯特

兴趣。他在音乐方面的才能甚至比他对物理学的兴趣来得更早，他很小的时候就已经具有专业音乐家的钢琴和管风琴演奏水平了。他喜欢舒伯特的《摇篮曲》、《美丽的磨坊女郎》、勃拉姆斯的小提琴协奏曲，还有巴赫的《马太受难曲》等等。对于家教甚严、办事循规蹈矩、一丝不苟的普朗克来说，音乐是他唯一能放纵自己的感情的乐园、使他的思

巴　赫

诺贝尔光芒

123

想不受任何约束的领地。德意志民族是一个外表严谨但内心追求自由和思想解放的民族，普朗克是一个典型的德国人。最终，他还是选择了物理学。至于音乐，可以作为业余爱好，他认为自己做一个科学家应该比做一个艺术家更有社会价值。

慕尼黑大学期间，普朗克渐渐将他在物理学上的兴趣锁定在纯理论的领域，进行理论物理学研究。他的物理学老师约里对此十分不解，他认为物理学已经是一门高度发展的、几乎尽善尽美的科学，也许，在某个角落还有一粒尘屑或一个小气泡，对它们可以去进行研究和分类，但是，作为一个完整的体系，已经建立得足够牢固了，经典理论物理学也已接近于十分完善的程度。约里的观点代表了当时科学界对物理学普遍的一种看法，但普朗克却不是那种轻易改变主意的人，要走物理学乃至走理论物理学的道路是他深思熟虑过的，他不会轻易放弃，任何力量都无法阻止他前进。

普朗克在大学最后一年转到柏林大学学习，是因仰慕赫尔姆霍茨和基尔霍夫这两位物理学家的大名。但两位老师沉闷的讲课却使普朗克大失所望，不过他没有泄气，他靠自学来满足自己的求知欲望。他不但自习两位老师的课程，也自修了克劳修斯的《热力学》并以此为出发点开始了他对热辐射的研究。

1878 年普朗克大学毕业，第二年获慕尼黑大学哲学博士学位。

普朗克辐射定律的诞生

在 1894 年，普朗克开始研究黑体辐射问题，基尔霍夫在 1859 年曾将这一问题描述为：黑体在热力学平衡下的电磁辐射功率与辐射频率和黑体温度的关系。帝国物理技术学院对这个问题进行了实验研究，但是经典物理学的瑞利-金斯定律无法解释高频率下的测量结果，威廉·维恩给出了维恩位移定律，可以正确反映高频率下的结果，但却又无法符合低频率下的结果。

普朗克对这两条定律使用一种熵列式进行内插，由此发现了普朗克辐射定律，可以很好地描述测量结果，这一定律于1900年10月19日在德国物理学会上首次提出。

不久后的1900年12月14日，普朗克得出了辐射定律的理论推论，其中他使用了此前曾被他所否定的奥地利物理学家路德维希·玻尔兹曼的统计力学，热力学第二定律的每个纯统计学观点都让普朗克感到厌恶。普朗克于会议上提出了能量量子化的假说：

威廉·维恩

其中E是能量，ν是频率，并引入了一个重要的物理常数h——普朗克常数，能量只能以不可分的能量元素（即量子）的形式向外辐射。这样的假说调和了经典物理学理论研究热辐射规律时遇到的矛盾。基于这样的假设，他并给出了黑体辐射的普朗克公式，圆满地解释了实验现象。这个成就揭开旧量子论与量子力学的序幕，因此12月14日成为了量子日，以作纪念。普朗克也此获得1918年诺贝尔物理学奖。尽管在后来的时间里，普朗克一直试图将自己的理论纳入经典物理学的框架之

下，但他仍被视为近代物理学的开拓者之一。

不过在当时，这一假说与玻尔兹曼的理论相比，可谓无足轻重。"一个纯公式的假说，我其实并没有为此思考很多。"如今这个与经典物理学相悖的假说被作为是量子物理学诞生的标志，和普朗克最大的科学成就。但是需要提及的是，玻尔兹曼于先前的大约1877年已经将一个物理学系统的能量级可以是不连续的作为其理论研究的前提条件。

在接下来的时间里，普朗克试图找到能量子的意义，但是毫无结果，他曾写道："我的那些试图将普朗克常数归入经典理论的尝试是徒劳的，却花费了我多年的时间和精力。"其他物理学家如瑞利、James Jeans（1877—1946年）和亨德里克·洛伦兹在几年后仍将普朗克常数设为零，以便其不与经典物理学相悖，但是普朗克十分清楚，普朗克常数是一个不等于零的确切的数值。"Jeans的固执另外很费解，他就像是理论学界里的黑格尔，他本不该是这样的，观点与事实不相符时却越是要坚持。"

路德维希·玻尔兹曼

发现基本作用量子

1897年，普朗克开始研究黑体辐射源发射的光的光谱分布问题。

德意志的思想圣地——慕尼黑大学

黑体是一理想天体,发光时发射辐射能所呈现的颜色仅仅是其温度的结果。举一个当今的例子,白炽灯泡就是一接近完美的黑体辐射体。在理论研究中,普朗克注意到,柏林大学维恩教授1894年提出的"维恩公式"和英国物理学家瑞利1900年提出的"瑞利公式"完全相反,他尝试了经典物理学的所有理论和方法,试图提出一个新的公式来代替这两个互相矛盾的公式,可是没有成功。为了寻求科学真理,他决定采取孤注一掷的行动——抛开经典物理学理论,从新的角度来考虑这个问题。1900年10月19日,普朗克在德国物理学会的一次会议上提出他的新公式,这就是后来著名的"普朗克公式"。12月14日,他在物理学会的另一次会议上提出了这个公式的理论基础,即著名的"能量子假说"。在这个假说中,普朗克放弃了传统的物质运动绝对连续的观念,提出辐射过程是不连续的,而是以最小份量一小"包"一小"包"地放射或吸收,这一小包不能再分成更小的包,就像卖水果糖,最少只能一块一块地卖,而不能半块半块或分成更小的块卖,这个最小的能量单位就叫"能量子"。这一天,后来被人们认为是量子论的"生日"。由于量子概念随后成了理解原子壳层和原子核一切性能的关键,这一天也被看作原子物理学的生日和自然科学纪元的开端。当然,提出能量子假说的普朗克也被人们尊

瑞利

诺贝尔光芒

称为"量子论的奠基者"。

正是这一能量子的概念开创了量子力学的发展。普朗克在这一领域的研究对于理论物理的发展和对整个自然界的理解极为重要，以致在其一生中他的声望仅仅次于阿尔伯特·爱因斯坦。1918年，因为在黑体问题上的成功研究和能量量子概念的创立，普朗克被授予诺贝尔物理学奖。

成名之后的普朗克在讲到自己是如何成为一个科学家的时候，曾说了这么一句话："你必须要有信仰。"普朗克所说的信仰实际上就是对科学、对事业的执着的爱和对寻求科学真理的坚定不移的精神。

信仰使人成功，但信仰一旦变成固执的行动就会妨碍一个人前进的脚步。普朗克本质上根深蒂固的保守意识曾使他在提出石破天惊的理论并得到了其他人的发展以后，却固执地要将跳出经典物理学旧框架提出的新理论重新纳回经典物理学。他后来不得不承认自己这种保守的固执的做法是"近乎悲剧的事"。

爱因斯坦

德意志的思想圣地——慕尼黑大学

量子力学的开创者

维尔纳·卡尔·海森堡（1901—1976），德国著名物理学家，量子力学的创立人。他于20世纪20年代创立的量子力学，可用于研究电子、质子、中子以及原子和分子内部的其它粒子的运动，从而引发了物理界的巨大变化，开辟了20世纪物理时代的新纪元。为此，1932年，海森堡获得诺贝尔物理奖，成为继爱因斯坦和波尔之后的世界级的伟大科学家。

海森堡为人善良、活泼、乐观、和蔼可亲，容易接近，喜欢运动，青年时常和同伴徒步旅行，他爱好音乐，经常与音乐爱好者举行家庭音乐会。

他留下的著作有《量子论的物理原理》、《原子核物理》、演讲集《严密自然科学基础的变化》和《跨越界限》、《物量学和哲学》和自传性质

海森堡

诺贝尔光芒

的《部分和整体》等。

求学生涯

1901年12月5日，维尔纳·卡尔·海森堡出生于巴伐利亚州小城乌尔兹堡。1910年，海森堡一家迁居巴伐利亚州首府慕尼黑市。他的父亲在慕尼黑大学担任中世纪及现代希腊语言学终身教授，是历史学的权威，他的舅舅也是当时德国著名的科学家。可是海森堡并没有追随父亲而去研究历史，而是以他独特的主见推动自然科学发展。海森堡从小就对自现象很感兴趣，对什么风雨电，都非常好奇，总想寻个明白。在他10岁时，有一天，放学后，别的孩子都纷纷回家了，可是等到黄昏，他仍未回家。其父母都急了，到处寻找他。待到掌灯时分，学校实验室的玻璃窗上映出了他那张圆圆的小脸，父母这才总算松了口气，原来他是对一个物理现象入了迷，只顾观察，忘了时间，忘了回家。

1911年，海森堡进入久负盛名的慕尼黑马克希米廉斯中学，并获得巴伐利亚州马克希米廉斯基金会颁发的奖学金。他的外祖父曾任该校校长。海森堡的中学时代恰逢第一次世界大战时期。1917年至1919年间，他作为志愿者服务于战争后方从事救助工作。1920年，海森堡以优异成绩完成了中学学业，进入慕尼黑大学开始学习物理、数学、化学和天文学。

在大学第一学期海森堡想加入数学家林德曼的研讨班，却被拒绝了。他转而选择物理学家索末菲作为导师。索末菲教授精通原子理论，引导海森堡进入了新兴的量子论最前沿领域。

1921年，海森堡随恩师索末菲一起到丹麦哥本哈根大学参加由著

名物理学家玻尔做的报告会，主要是讨论原子模型本身和该模型中存在的一些疑难问题，按照惯例，前几排座位都是教授们坐的位置，学生只

哥本哈根一景

能坐后面几排。一开始，坐在后面的海森堡怎么也进入不了状态，因为玻尔说话的声音很低，他听得很费力；也因为他对玻尔的理论还不怎么了解，因此在第一次报告会结束后的讨论时间里，海森堡没有发表自己的见解。但在第二次报告会上，海森堡渐入佳境，不但听出了子丑寅卯，还有了一个重大发现：玻尔的见解并不完全源于精确的计算，其中含有很大的直觉成分。当玻尔并不响亮的声音刚刚在报告厅里停歇的时候，海森堡猛然从座位上站了起来，要求发言，这让所有的与会者都大吃一惊，"这个年轻人是谁？""他怎么这么大胆？"因为按以往的"惯例"，一般只有教授们能在会后的发言时间里提出一些见解，至于学生，

主要是带着耳朵来听，增长点见识就行了。正当众人吃惊之时，海森堡已经开始清清楚楚地说了："玻尔教授，您刚才说的……我有些不同的想法。"

天哪，这个年轻人到底是谁？他怎么敢如此狂妄？要知道玻尔的理论已是众多学术界人士认可的，他在原子结构方面的见识也很少有人能望其项背，如今这个初出茅庐的年轻人竟敢说他有不同意见，真是有点胡闹！当然，海森堡提的问题实际上玻尔已经有所考虑，只是一时还无法解释清楚而已。就这么一个小小的"破绽"，却让海森堡给抓住了，玻尔不得不暗自佩服这个年轻人。他知道，如果这个年轻人没有敏锐的观察力和聪慧的头脑，是不可能提出这样的问题的。何况在以往的报告

普林斯顿大学一景

中，能对玻尔的演讲发表一些看法的也绝非平庸之辈，如著名物理学家玻恩、著名数学家希尔伯特等等，他们都是和玻尔一样的"大牌明

德意志的思想圣地——慕尼黑大学

星"。玻尔不禁产生了要了解这个年轻人的强烈欲望,于是在会后,他邀请海森堡和他一起去聊聊。

"这一次我与玻尔在海因山覆盖森林的高地上纵横溜达时的谈话,是我所能回忆的有关原子物理学的第一次深入的交谈;可以很肯定地说,它同时决定性地确定了我以后的科学生涯。"海森堡在他的回忆录中充满感情地写道。

另外一次哥廷根之旅还使他结识了另外一个在他的科研生涯中举足轻重的人物——玻恩。

1922年冬季,索末菲带领海森堡来到哥廷根大学聆听物理学大师玻恩关于原子结构的系列讲座。听哥廷根大学物理研究所权威学者马克斯·玻恩讲学后,他给玻恩递了一张纸条,并谦虚地表示"这是我对先

哥廷根大学

生研究的物理学提供的一点心得。"玻恩先生当时对此并未怎么在意，未曾把这个"毛孩子"放在眼里，连声谢谢也没有说，便把纸条放进了衣袋里。事后他在掏口袋时，无意中翻出了那张纸条，仔细一看不由得大吃一惊，他万没料到一个"毛孩子"竟能提出那么深刻的见解。海森堡向他提供的正是他自己研究不深入，或许是疏忽了的地方，这使玻恩先生对这个年青人叹服不已。年轻的海森堡给玻恩留下了深刻印象，两人的师生友谊也从此开始。

此后在哥廷根给玻恩当助手以及在哥本哈根和玻尔共事的经历促使海森堡在科学事业的道路上迅速成长起来，为以后他创立量子力学创造了良好的条件。

索末菲为海森堡选定的博士学位研究课题是一个经典难题——湍流。经过深入研究，海森堡提出了一种巧妙独到的解决湍流问题的方案。索末菲对海森堡的才能青睐有加，曾写信给他的父亲称赞道，"你的家庭出了一位物理学与数学奇才"。尽管受到实验物理学家韦恩的刁难，海森堡还是通过了博士论文答辩，于1923年夏天毕业。当得知22岁的海森堡于1923年已经获得科学博士学位后，于同年秋天，玻恩先生便坚持邀请海森堡到哥廷根大学来当自己的助教，不到3个月时间又破格将他提升为讲师。

这时海森堡的主要研究兴趣转到了量子理论。经过一年的努力，海森堡在哥廷根顺利通过了申请终身教授职位的资格考试。1924年9月，海森堡离开哥廷根，以洛克菲勒基金会研究员的身份奔赴他向往已久的理论物理学圣地——哥本哈根大学玻尔研究所。这是他人生的一个重要转折点。著名的丹麦物理学家尼尔斯·玻尔既是他的导师，又同他结成忘年交。他们经常通宵达旦地讨论问题，这使海森堡在学术上很快又迈进了一大步。

德意志的思想圣地——慕尼黑大学

顽固正直的威斯特法伦人

　　1933年初，由新纳粹政府蓄意煽动的第一波种族歧视浪潮对德国各大学造成严重冲击。海森堡在哥廷根的老师玻恩和弗兰克不得不移居国外，他的助手布劳赫离开了莱比锡，原先的学生如佩尔斯和泰勒以及原来的助手贝克等都无法在德国的大学保留原职。1933年11月，首次针对海森堡的人身攻击开始了，原因是他拒绝在一篇向希特勒献媚的致词中签名。然而海森堡依旧公开反对政府强行解雇更多的犹太同事，尽管他和他的朋友们的这种努力在残酷的现实面前是徒劳的。

　　在犹太学者被驱逐出德国各大学和研究所之后，科学界的纳粹帮凶们加强了他们反对普朗克、冯劳厄和索末菲的活动。更有甚者，他们把矛头指向年轻的海森堡，因为在这些人眼中海森堡是"犹太物理学"（特别是相对论和量子力学）的主要代表人物之一。

　　1935年12月13日，斯塔克在海森堡大学菲利普·勒纳学院开幕典礼上做演讲，在攻击海森堡时说海森堡是"爱因斯坦的幽灵"。斯塔克是1919年的诺贝尔物理学奖得主，遗憾的是并不是每个科学家都是正直的人，斯塔克就是一个充满野心的人，他与1905年诺贝尔物理学奖得主菲利普·勒纳一样都是现代物理学的强烈反对者，他们依靠纳粹党徒的力量，对爱因斯坦和他的相对论发起了猛烈攻击。海森堡是爱因斯坦学说坚定不移的支持者，因此毫不例外地引起了斯塔克等人的强烈不满。他们称海森堡是"白种犹太人"，在当时对犹太人的排挤乃至迫害越来越厉害的德国承受这种攻击是相当危险的。海森堡很清楚这一点，但他并没有退缩，因为他一直认为科学就是科学，它与从事科学的人是什么种族没有关系；一个人的品行怎么样也与他所属的种族没有关系；

诺贝尔光芒

而且犹太人是与日耳曼民族同样优秀的民族，它们之间是完全平等的，不应该存在排挤哪个民族的问题。

海森堡有着这种诚实正直的品行是与父亲的言传身教分不开的。他父亲是慕尼黑大学的拜占庭学院教授，他的正直在他的生活与工作圈子里是尽人皆知的。在20世纪20年代的反犹狂潮期间，海森堡家楼上一个叫勒维的犹太人曾把一个装有贵重物品的包裹交给父亲保管，父亲叫勒维开一个清单，以便交还时核对，但勒维却说："没有这个必要，我们完全信任你。"反犹浪潮平息以后，勒维取回了这个包裹，他们一家利用它逃住了国外。海森堡的父亲常对儿子说："千万不要盲目！要保证内心的自由，不要受流行见识左右。你们只应该相信自己的严格判断，并且还要对这种判断负责。"他还说："你要自己看过后才可相信！"

爱因斯坦

父亲的言行对海森堡世界观的形成影响是巨大的，他把父亲的诚实正直完全不打折扣地继承下来了。正因为他的正直，才使得他在受到斯塔克等人的恶毒攻击及身处当时德国复杂的政治环境中仍能坚持真理，捍卫爱因斯坦和他的相对论原理（爱因斯坦本人已经于1933年被迫离开德国，到美国去了）。

海森堡成功地抵制了那些用心险恶的诽谤，但最终他没有被当局允许去接任他的导师索末菲在慕尼黑大学的终身教授职位。在这段困难时期，许多莱比锡的同事给予了海森堡巨大帮助和安慰。1937年4月，海森堡与苏玛赫结婚，组成了一个典型的"德意志家庭"。两人共生育了7个孩子。尽管战争的阴云笼罩欧洲，尽管收到名声卓著的美国大学的高薪聘请，海森堡经过一个夏天在巴伐利亚的阿尔卑斯山避难之后依然于1939年8月返回莱比锡。

阿尔卑斯山

海森堡就是这样一个顽固的威斯特法伦人，不然他也不会死活不肯听从众多科学家的劝告而坚持要留在非常时期的德国。对于这一点，至今仍有许多人不能谅解，认为他在二战期间曾为希特勒这个杀人魔王效过力。其实，设身处地地为海森堡想一想，他的行为本无可厚非，因为他热爱他的祖国，他不愿意在祖国的非常时期背弃她。而且，海森堡还认为战后的德国科学一定需要恢复振兴，而自己有能力为祖国的科学振兴出些力。问题是只要海森堡留在德国，那么不管他情愿也好，不情愿也好，势必要为希特勒统治下的德国做一些事，而他拥有的智慧也让许多人心生疑虑，生怕他的爱国主义会促成他为希特勒制造出原子弹。据说美国谍报机构曾专门针对海森堡制定了一个所谓的"摘脑手术"行动计划，目的是要除掉他们认为最有能力为德国制造出原子弹的"头脑"人物海森堡，从而阻止德国的原子弹研制行动计划，好在执行任务的伯格少校及时发现海森堡只不过是一个纯粹的科学家，也就停止了暗杀行动，要不然，恐怕海森堡早就因他拥有的智慧和他高度的爱国热情成为战争的牺牲品了。

走进科学的殿堂

获最高荣誉

海森堡对待学习和研究表现出更为顽固的性格。他是绝不肯轻易接受现成的知识,他只相信自己的严格判断。他自己曾有过这样表述:"科学家总是一再碰到哥伦布的处境,哥伦布有这个胆量,把所有可以住人的陆地抛在后面而怀着几乎疯狂的希望,到海洋彼岸去寻找新大陆。"海森堡想做的就是像哥伦布那样去发现科学领域中的新大陆,不一样的是哥伦布寻求的是海洋中的陆地。海森堡本身具备有坚定不移的批判继承精神,这使他成为了20世纪最富有创新精神的科学家之一。

北海风光

1925年6月,海森堡染上了花粉热,到北海的黑尔格兰岛进行疗养。在岛上,除去养病之外没有什么事情可做,海森堡把充裕的时间用

德意志的思想圣地——慕尼黑大学

于思考，这使他原先关于量子力学的模糊想法渐渐趋于清晰成熟，他解决了一个重要的物理问题，即如何求解非谐振荡器的稳定能态。这一突破使他激动得不知所措，他在夜中走出房门，爬上了海边的一座悬崖，夏日的海风吹拂着他的脸面，耳边是海浪轻轻拍打海岸的声音。他仿佛看到了遥远的美洲大陆，当一轮红日突破云雾，在海边冉冉升起的时候，他知道自己离那座新大陆已经只有一步之遥。

回到哥廷根大学后，海森堡写成了开创量子力学的第一篇论文《从量子理论来重新解释运动学和力学关系》。这篇论文描绘出了量子力学结构的基本轮廓。他把论文交给玻恩，并且告诉玻恩他猜测坐标与动量的对易式应正比于单位矩阵，但无法证明，他请求玻恩作进一步的物理

剑桥大学

阐释。玻恩对年轻的海森堡在这篇论文中表现出来的天才般的直觉与独创性大为惊讶，在海森堡的论文中，包含了玻恩等人思索研究多年的东西。玻恩和助手约丹一起推导出了证明的方法，并以《关于量子力学》为名发表，这是创立量子力学的第二篇论文。而当海森堡在剑桥结束讲演后，他们三人又合写出创立量子力学的第三篇论文《关于量子力学Ⅱ》，它包括了量子力学几乎所有的重点。这三篇论文奠定了量子力学的基础。

1927年，海森堡又提出了惊人的测不准原理。他指出，一个人不可能同时精确地测到一个粒子的位置和速度；对其中一个测得越精确，则另一个就越不确定。这与玻尔看待同一问题的思路有本质的不同，玻尔曾对海森堡发起强大的辩论攻势。尽管玻尔咄咄逼人的攻势让年轻的海森堡感受到极大的压力，有几次甚至差点痛哭失声，但他守住了自己的阵地，并且还在辩论中加固了"工事"。而玻尔也最终明白海森堡的测不准原理其实与他的互补性原理并不矛盾，因而他吸收了海森堡的原理发展出并协性哲学。但玻尔和海森堡详尽描述的这种并协性哲学，却遭到了许多物理学家的反对，其中反对最厉害的就是爱因斯坦。他无论如何也不能接受宇宙是不确定的，他认为"上帝绝不掷骰子"。他们之间的激辩成为近代物理学史上最伟大的论战之一。

测不准原理像飘荡在宏观世界之上的量子理论幽灵，让爱因斯坦寝食难安，他一直与之奋战到死，但他已经永远不可能知道他真的错了。位置和速度的不确定性确实存在，它不是因为我们无法作出精确的测量仪器，而是因为这种不确定性是微小粒子的内在特征。

海森堡的测不准原理不仅是量子理论最著名的理论之一，而且它在哲学上的意义也极为重要。它迫使人们在微观世界中不得不抛弃严格的因果关系，这表明科学的思维方式发生了非常深刻的变化。有人说：量子力学改变了人们对物质世界观的基本概念，其改变程度甚至超过了相对论。这种说法是有一定道理的。

　　抛开斯塔克当初攻击海森堡时的恶意说法，海森堡拥有的智慧和作出的成就完全可以和爱因斯坦相提并论，他的确可以被称为"爱因斯坦幽灵的幽灵"。1932年，海森堡因创立量子力学获诺贝尔物理学奖。

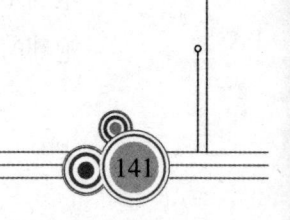

走进科学的殿堂

物理天才泡利

沃夫冈·厄恩斯特·泡利（1900.4.25—1958.12.15），物理学家，是著名的泡利不相容原理的创建者。

泡利1900年4月25日出生于奥地利的维也纳。他的父亲沃尔冈·约瑟夫·泡利是一位医生，同时也是维也纳大学著名的生物化学家。他的母亲伯莎是作家，广交戏剧和新闻界的朋友。年幼的沃夫冈的中名"厄恩斯特"是为了纪念他的教父，著名的理论物理学教授厄恩斯特·马赫。泡利出生在20世纪的第一年即1900年，这年发现了作用量子，量子论诞生了，因此人们称他是与量子概念同年降生的人。

泡利

泡利于1946年加入美国国籍，是美国科学发展协会的创始人之一。泡利的主要成就是在量子力学、量子场论和基本粒子理论方面，特

德意志的思想圣地——慕尼黑大学

别是泡利不相容原理的建立和 β 衰变中的中微子假说等，对理论物理学

维也纳一景

苏黎世风光

诺贝尔光芒

走进科学的殿堂

的发展做出了重要贡献。1945年，泡利因他在1925年即25岁时的"发现不相容原理"，获诺贝尔物理学奖。他把一生投入了科学研究，34岁才结婚。1958年12月15日泡利在瑞士苏黎世去世，享年58岁。

初露锋芒

泡利从小受到父亲的影响，他父亲是一位卓越的有独创见解的学者，名字也是沃尔冈·泡利，因此泡利自称是小泡利。他受的是天主教

诺贝尔光芒

维也纳一景

的洗礼，教父为大名鼎鼎的奥地利物理学家兼哲学家马赫。因此，小泡利从小受到很好的科学环境的熏陶和影响。在中学读书时，他就自修了大学物理和《数学分析教程》被人们看作是物理和数学神童。1918年，

德意志的思想圣地——慕尼黑大学

刚以优异成绩毕业于维也纳一所中学的他，就向德文杂志《哲学学报》投寄了一篇关于引力场能量的研究论文，并于次年发表。

中学毕业后，泡利带着父亲的介绍信到慕尼黑找著名物理学家索末菲学习理论物理。泡利要求不学大学课程而直接读研究生的课程，并要求参加高年级研究生的讨论班！这使索末菲惊讶不已，老师觉得这个年轻人未免有点不知天高地厚。但不久老师发现自己的想法错了，在讨论班上泡利是掌握问题最快，理解问题最深和最有才能的参加者。索末菲慧眼识英才，全力培养泡利初露锋芒的才华。他成了索末菲最得意的学生，发表了两篇关于相对论的论文。

当时，德国正准备出版一部《大百科全书》，由著名数学家克莱因担任主编，撰稿人都是第一流的数学家和物理学家。他请索末菲为百科全书写一篇关于相对论的文章。索末菲自己不动笔，却将这一任务交给了19岁的泡利。那时，相对论还是一门很新的学科，没有几个人了解这些知识。而泡利以令人惊讶的速度写了一篇长达250页的综述文章。在文章中他评述了这个理论的数学基础和物理意义，清楚地阐明了自己的见解，特别是在有争议的问题上提出了有独特的见解。后来，这篇文章发表于1921年，时至今日，他的这篇综述文章和韦耳的《空间、时间和物质》一文，一直被公认为是评述相对论的两篇经典著作。索末菲对这个成果感到欢欣鼓舞，高

索末菲

兴异常，他称这篇文章简直"神乎其神"，他在给爱因斯坦的信中激动地说，泡利的论述"简直出色极了"。爱因斯坦读了这篇文章后也说："任何一个人看到这样成熟和富有想象力的著作，都不能相信作者竟只有19岁。他惊奇地赞叹泡利具备"从心理学方面对于概念发展的理解力、数学推演的可靠性、深刻的物理学见识、透彻系统描述的能力、丰富的文献知识、对主题完整的论述以及正确的带有批判性的评价。"这篇论著显示出泡利在科学方面的才华与素养，因此立即引起了一些著名物理学家的注意。确立了泡利在学术上的声望。

1921年，在索末菲的指导下，泡利以题为"论氢分子的模型"的论文获慕尼黑大学哲学博士学位。同年，索末菲将泡利介绍给著名物理

哥廷根大学一景

德意志的思想圣地——慕尼黑大学

学家玻恩当助手。1921年夏天，泡利来到哥廷根大学当玻恩的理论物理学助教——这里是由玻恩和弗兰克领导的世界理论物理研究中心。

在奥地利西部的埃尔瓦尔德度假村，泡利第一次见到了玻恩，那里景色雄伟而秀丽，但这并没有引起泡利的兴趣，他与玻恩一起讨论微扰理论的细节及其在原子的量子理论方面的应用。在哥廷根，他常常工作到深夜甚至因此引起邻居的不安。邻居们常常看见他坐在写字台前，轻轻地摇晃着身子，思考着什么，像个祈祷的虔诚的教徒一般，一直可以坐到天亮。但玻恩了解他，知道这正是泡利思考问题的一种方式。

同年秋天，他与师弟海森堡随导师索末菲在哥廷根参加了一个学术会议。在这次会议上，泡利遇到了另一位著名的诺贝尔物理学奖获得者

哥本哈根风光

诺贝尔光芒

——尼尔斯·玻尔。玻尔发现这两个年轻人非同一般，立即邀请他俩去哥本哈根理论物理研究所工作，从此，泡利、海森堡与玻尔结下了很深的渊源。与玻尔相处，使泡利了解了这位著名科学家特殊的思考方法，这又让他大有长进。

泡利不是一个好的演讲者。他不擅长演说，讲课时有时还自言自语，写在黑板上的字常常又小又乱。他还有一个癖好，就是在讲课时也在思考自己的研究课题，因而影响教学。虽然要理解他的讲课很困难，但他的学生还是被强烈地吸引住了，并且受到很大鼓舞。

取得成绩

不相容原理

1922年，泡利应玻尔之邀请到哥本哈根去帮助玻尔准备其著作的德语版出版工作。

一到哥本哈根，泡利便专心致志于研究不规则的塞曼效应问题。玻尔、索末菲和兰德都认为，尤其是在碱金属中，价电子所围绕运动的原子核心具有的角动量，造成了一不规则磁性。

泡利持不同意见，他认为，这一不规则磁性是由电子的属性引起的，而不是核心。对已知的量子数 n、L 和 m，他加了第四个数，被称为 s，即自旋量子数。他对此进行了进一步论述，这就是"泡利不相容原理"。不相容原理指出：原子中不能有两个以上的电子处于同一量子态上。这一原理使得当时所知的许多有关原子结构的知识变得有条有理。使人们理解了原子中电子壳层的形成，以及当元素按原子序数递增排列时所观察到的化学性质上的周期性。泡利的才智和研究成果是极其令人瞩目的。

新量子力学与中微子

1925年，沃纳·海森堡创立了量子力学的矩阵力学形式体系，泡

玻　尔

利关于电子不沿着围绕原子核的轨道运动这一观点对海森堡创立这一体系有着一定影响。泡利用这一形式体系卓越地解决了氢原子问题。他在1933年发表的一篇评论文章中阐述了量子力学的物理和数学基础。

1928年，泡利在瑞士苏黎世联邦工学院开始担任理论物理学教授。除了第二次世界大战期间，他终身都在这所学院任职。这期间，泡利首先提出了中微子的存在以回答氦β衰变时出现能量亏损的问题。泡利不忍放弃能量守恒原理，他认为这是物理学的奠基石。他这一新论点在

走进科学的殿堂

1933年第七届索尔维代表大会上正式提出来。而中微子的存在直到20世纪50年代才在实验上得到证实。

科学路上的失误

在科学探索的道路上没有"常胜将军"，以善于剖析问题、发现理论弱点而见长的泡利也有过失误，例如对于弱相互作用宇称是否守恒的问题，泡利就有失误。1956年，为解释 τ—θ 之谜，李政道和杨振宁提出了在弱相互作用中宇称不守恒的设想，并提出了几个验证实验的建议。然而泡利却坚信时空具有对称性，他怎么也没料到这个实验会证明宇称不守恒。他说："我不相信上帝是一个软弱的左撇子，我可以跟任何人打赌，做出来的结果一定是左右对称的。"1957年初，他收到好几封美国来信，说吴健雄的实验证实了李—杨的设想。收到这些信后，泡利说他几乎休克过去，他说："幸好没有人跟我打赌，假使有人打赌的话，我就要破产了，因为我没有那么多财产，现在我只不过损失了一点名誉"。

李政道

趣闻逸事

泡利效应

俗话说"人无完人,金无足赤"。以理论思维见长而闻名于世的泡利,在实验动手能力方面却是弱者,他笨手笨脚的动作,常常给实验室造成灾难。

与泡利一起工作的年轻物理学家甚至把实验室出现的稀奇古怪的毛病,如实验仪器的损坏和无缘无故的爆炸等等归之于泡利,并戏谑地称之为"泡利效应",只要泡利出现在实验室,实验仪器就会不可思议地出毛病。有一天,哥廷根大学物理研究所弗兰克教授的实验室里的仪器莫名其妙地炸裂成了碎片,没有发现任何明显的原因。后来调查表明,这个灾难发生的时间正好是一辆载着泡利从泽瑞奇到哥本哈根的火车在哥廷根车站停了5分钟的时间。于是,大家嘲弄地说,这是"泡利效应"的铁证,从此,泡利效应传遍欧洲,后来甚至发展到谈虎色变的程度:只要泡利进入实验室,实验室的工作人员就紧张得手忙脚乱,以致果真出现差错,发生事故。

"上帝的鞭子"

凡是与泡利一起共事过的人,都非常佩服他的才智与发现问题的本领,对他的锋芒毕露、尖锐的批评与罕见的幽默感印象极深,以至荷兰物理学家埃仑菲斯特赞誉他是"上帝的鞭子"。在他去世后,人们还杜撰了一个故事:泡利灵魂升天后,仍念念不忘精细结构常数 $\alpha = 1/137$ 之谜,于是他去问上帝,上帝交给他一张纸条,说答案在上面,泡利接过去一看,立即用德语回答:"这是胡说。"因此连上帝

也逃不过他的一鞭!

　　泡利与人争论时往往言词犀利,不顾情面,不论师尊,不讲亲疏,使人有时难以承受。传说有一次玻尔在讨论会上发言时,泡利突然打断,大声喊叫:"住口,别冒傻气!"玻尔并未生气,却温和地说:"但是泡利,你听我说……"泡利立即顶回去:"不,我一个字也不想再听!"对老师尚且如此,对其他人就可想而知了。虽然泡利言词尖刻,以致难以承受,但由于他不同凡响的敏锐反应能力和善于剖析问题症结的洞察力,因此大家还是都愿意听取他的意见,乐意与他讨论问题,因为可以从泡利的评论中永远受益。

追逐蜜蜂的"舞蹈"

弗里希（1886—1982）德国著名昆虫学家，昆虫感觉生理和行为生态学创始人。

1886年11月20日，弗里希出生在奥地利首都维也纳的一个贵族家庭，弗里希的全名为卡尔·里特·冯·弗里希。冯·弗里希是一位大学教授的儿子，在很小的年龄就是一位博物学家，对大自然中的一切都充满了好奇心。他最喜欢的游戏就是到野外去捕蝴蝶、捉虫子、掏鸟窝和采集奇形怪状，色彩斑斓的石头。他经常爬在地上半天不起来，仔细观察昆虫是如何采食，如何筑巢。有时他会把捕捉到的虫、鸟带回家去解剖，看看它们身体内的构造。

这也许源于他的叔父西格蒙德·爱克斯内。因为他是一位昆虫学研究方面的权威，这也许对他的职业选择产生了影响。有一次，弗里希和他的堂兄给家里的猫灌下安眠药，趁小猫睡熟之际，按在桌子上要去解剖它。但刀子割下去的时候，小猫被疼醒了，"呦"地大叫一声，挣脱了小哥俩按着的手，摔下桌子逃得无影无踪了！后来，他母亲知道了这件事，带着责怪的口吻说："傻孩子，以后可别这样做解剖，也许我能帮助你呢？"小弗里希听母亲这样一说，高兴得跳了起来。

10岁左右的时候，小弗里希反复要求父母把家中的两个房间给他专用。父亲同意了。于是，弗里希动手刷油漆、糊壁纸，按照自己的想

法把两个房间重新装饰一番，然后在里面摆满了自己亲手采集和制作的鸟、鸟蛋、蝴蝶、化石、矿石等各种标本。直到弗里希逝世后，这两个房间里的摆设还是他少年时的模样。

小弗里希的另一个爱好是看书，特别是那些关于大自然、生物的书。如果没有人叫他吃饭的话，他可以一整天呆在书房里，足不出户。

弗里希对知识的热爱，使他在学习上倾注了极大的热情。弗里希师从慕尼黑大学的里查德·冯·赫德威格，并于，24岁获哲学博士学位，他选择的是理科专业，学习数学、物理学、化学、天文学、博物学、农学和应用工程学等。他最感兴趣的博物学贯穿于大学四年的课程之中，这一爱好一直延续到他的老年。他日后从事生物学、动物学的研究，可以说是他从小对博物学爱好自然而然的发展与深化。

罗斯托克大学

德意志的思想圣地——慕尼黑大学

1910年，弗里希获得了博士学位后，被慕尼黑大学动物研究所聘任为助教，1912年任动物学和比较解剖学副教授。1914年，弗里希在维也纳多布林医院当医生。在此期间，他对生理学领域的研究现象更加感兴趣了，并决定以此领域作为终生奋斗目标。

就在弗里希开始科学生涯时，伊凡·巴甫洛夫不久前刚使用一种训练方法使狗分泌出唾液证明了条件反射现象，这种训练方法也可推广到许多其他有机体的情况。弗里希开始卷入鱼是否能听到声音的那场辩论中，并且他不久就使用给鱼喂食的行为证明鱼能够将行为与声音联系起来。他特别清楚的一点是，其他有机体的感知和人的感知可能有很大的差别，要保证一种有机体对实验的因素真正做出反应，必须有严格的实验方法。

1921年，弗里希应德国罗斯托克大学动物研究所的邀请，前去授课并担任所长，在此工作过程中，弗里希取得了一些成果，有了一定的名气。

1923年，他在波兰布香斯苏大学任教，主要从事生物学和动物学方面的教学。在此后的二、三十年里，弗里希在科研领域中，因突出的研究成果也因他那开拓性的研究方式而得到了无数的奖励，最值得注意的1952年弗里希获得的"科学技术功勋奖"，1950年获得的美国哲学学会的"麦哲伦奖"，1959年获得的"巴尔茨基金奖"和联合国教科文组织的"加林加奖"。

弗里希早期的研究集中于证明蜜蜂可能会区别某些颜色。他非常喜欢在自家广阔的农田里放养蜜蜂。每天散步时，他就呆呆地站在田里观望在蜂箱附近上下飞舞的蜂群。结果他发现，蜜蜂的飞行并非毫无秩序可言，而是一种有一定规律的"舞蹈语言"。他再进一步观察，终于查明，蜜蜂正是用这种有规律的"舞蹈语言"，将哪里有花场、蜜量有多少的信息通知其他蜜蜂的。这一研究导致他进一步去研究田野中带有标记的蜜蜂。弗里希花了20多年的时间进行观察和实验，才终于搞清楚工蜂为了把觅食地点这个信息传达给蜂巢中的蜜蜂所采用的各种舞蹈。

也正是那一年，他因对蜜蜂通过感官传递信息的研究而获得了诺贝尔生理学医学奖，这时的弗里希博士已是87岁高龄了。他与另外的两位动物行为研究（即行为学）研究的开拓者尼古拉斯·廷伯根和康拉德·洛伦茨分享了这笔奖金。

洛伦茨

华人风采

拯救纳粹集中营囚犯的"中国神医"

裘法祖（1914.12.6—2008.6.14），人民医学家，中国外科之父。

裘法祖于1914年生，浙江杭州人。其父为前清秀才，在杭州中学任教。共有子女7人，裘法祖最幼。父亲的收入微薄，全靠母亲勤俭操持，勉强维持全家9口人生活；兄姊们毕业工作后能主动资助让弟妹受到良好的高等教育。除四姊是中医外，其他都是教师。裘法祖从小学习勤奋，在杭州正规中学初中、之江大学附属高中毕业时均名列前茅。1936年裘法祖在上海同济大学医学院结业后，靠两个姊姊的资助，西渡德国，就读于慕尼黑大学医学院。1946在11月回国，任上海同济大学医学院附属中美医院外科学教授、外科主任。1978年，担任武汉医学院副院长兼器官移植研究所所长，1981年任武汉医学院院长，1984年迄今任同济医学院名誉院长。中国科学院院士、著名外科专家、

裘法祖

博士生导师。

学医缘于母亲

在医学界，裘氏刀法之精确广为人知，而裘法祖当初学医则缘于母亲。1933年，母亲突然因为肚子痛撒手人寰。"其实，我妈妈是因为阑尾炎死的，那时阑尾炎还不能开刀，她肚子一直痛，后来就这样死去了。这病其实很简单，可没有好医生，我想还是应该懂医啊。"裘法祖回忆道。

1940年，裘法祖在德国慕尼黑大学取得医学博士学位后，留在了慕尼黑大学的附属医院工作，正式开始了外科医生生涯。在工作8个月后，他遇到了第一个手术病人，这名患者同样是一位母亲，也同样患有阑尾炎。但那位患者却在手术后的第五天突然去世，解剖后没发现手术问题。"那时医疗条件不好，伤口很容易化脓。"显然，裘法祖至今仍对这事难以忘怀，更让他记忆深刻的是，导师的一句话却让裘法祖受用了一辈子。他说："裘，这是一位有四个孩子的妈妈"。这句话给裘法祖留下的印象到现在还是很深。

"我心里难过得不得了。妈妈死了，孩子怎么办？"裘法祖日后不止一次谈起这事，并把郁闷的心情写进了自己的《旅德追忆》中。

虎口夺生

1945年，盟军加剧了对德国的轰炸与进攻。在德国的达豪镇、慕尼黑、兰德斯堡三座城市形成的三角形区域内，有一座叫达豪的集中营，这个集中营里发生的罪行，曾震撼了后来攻入的美军部队。当时，

德意志的思想圣地——慕尼黑大学

纳粹党卫军获知美军正在慕尼黑周边活动，便强令达豪集中营的 6000 多名囚犯离开此地，前往南部，徒步穿行施塔恩贝格、沃尔夫拉茨豪森、柯尼希斯多夫和巴特特尔茨。在行进过程中，不少人因为无力继续前行而死于毒打或被击毙。

巴特特尔茨位于德国南部，是一座温泉疗养胜地，当时已获得德国慕尼黑大学医学博士学位的裘法祖正在这里的备用医院救死扶伤。他还清楚地记得，1945 年 4 月的一天，他在手术室里正准备为病人动手术，一名护士跑进来大声喊道，外面躺着好多集中营里的犯人。对集中营里发生的事早有耳闻的裘法祖，连手术帽都没摘就跟着跑了出去。当时，在火街的一角，蹲着大约 40 名瘦骨嶙峋、衣衫褴褛、疲惫不堪的纳粹集中营囚犯。他们实在走不动了，党卫军们站在那里，喝斥着让他们站起来。

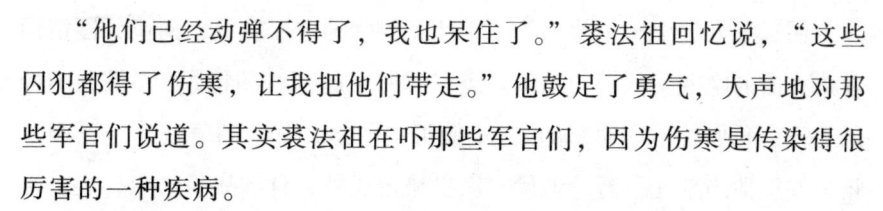

"他们已经动弹不得了，我也呆住了。"裘法祖回忆说，"这些囚犯都得了伤寒，让我把他们带走。"他鼓足了勇气，大声地对那些军官们说道。其实裘法祖在吓那些军官们，因为伤寒是传染得很厉害的一种疾病。

裘法祖从纳粹党卫军手中接收了这 40 多名囚犯，他和他的同事将囚犯们安置在地下室里。在大家的精心护理下，囚犯们的生命得以保全，比起因生病而被枪毙的囚犯，他们真算是幸运的了。

40 多年过去了，战争留下的伤痕并为从人们的心灵上抹去，为了感谢那位挺身而出的中国神医，犹太人在那个名叫"达豪"的小镇上建立了一座纪念碑，然而，他们并不知道这位中国神医的姓名及下落。

1985 年，反法西斯战争胜利 40 周年之际，德国人通过驻德国的中国大使馆辗转找到了裘法祖，德意志联邦共和国总统授予裘法祖大十字功勋勋章，这是德国设立十字勋章以来，第一次将这一殊荣颁给了一位亚洲人。

绝世爱情

现在裘法祖与另一位"妈妈"相依相伴——他的夫人裘罗懿。裘罗懿原名叫罗尼·科尼希，是当年参加救助集中营囚犯的护士，他们已经共同生活了60年。裘法祖对外界毫不讳言他们之间的昵称："我管她叫妈妈，她叫我小老头子，因为我在她眼里还是年轻人。"

在慕尼黑郊外的巴特特尔茨，年轻的裘医生为人谦和，处事严谨，人们称他为"中国神医"。裘医生从纳粹党卫队队员手里接收了集中营的囚犯，在他的精心照料下，囚犯们得以存活。

在参加这次救助行动的人中间，有一位叫做罗妮·科尼希的护士。1940年护校毕业后，罗妮·科尼希从事护理病人的工作，由此结识了来自遥远东方的中国小伙。为了不让党卫队的密探发觉，两位异国情侣在众人面前隐匿了他们的感情。裘罗懿回忆起当时的情景："按照纳粹的法律，我们是不准通婚的。"难能可贵的是，罗懿的家庭接受了裘法祖，并把他当亲儿子看。他俩在家里秘密成婚，直到战争结束，裘法祖和罗懿才在巴特特尔茨的小教堂里依照宗教仪式正式结婚。

自1945年裘罗懿在家中与裘法祖秘密结婚后，她就没离开过丈夫。无论是裘法祖选择回国发展，还是在"文革"时期裘法祖被罚扫厕所，裘罗懿的眼睛都始终关注着丈夫。

提起妻子，裘法祖老人的脸上总是笑盈盈的。与裘法祖同住一宿舍楼的邻居一次次见证了他们的恩爱：早年，裘法祖每次回家时都会在楼下吹声口哨，这时裘罗懿就会跑到窗前，向他扔一只水果或是别的东西。两位老人把这个亲昵的举动保存至今："我每次出去，她都会执著地守在窗口看着我回来。"

德意志的思想圣地——慕尼黑大学

中国抗生素事业的开拓者

汪猷（1910.6.7— ）是我国著名的有机化学家、生物有机化学家。在甾体化学、抗生素化学、碳水化合物、多肽和蛋白质化学、核酸化学、酶的修饰和模拟、生物催化和烃类微生物氧化等领域有较深造诣，是中国抗生素研究的开拓者，是牛胰岛素全合成和酵母丙氨酸转移核糖核酸的人工全合成二项工作的参加者和主持人之一。为推动中国有机化学事业的发展做出了重要贡献。

孙中山

汪猷

汪猷于1917年6月7日出生在杭州书香门第之家。父亲汪知非是清末秀才，年轻时深受西方科学技术和孙中山的革命思想影响，遂弃功名仕途，在浙江从事测量和盐务等工作。

走进科学的殿堂

与化学结缘

汪猷聪颖好学，从小深受父亲影响，喜爱自然科学。1921年考入浙江省立甲种工业学校，就读于应用化学

华人风采

金陵大学旧址

系，从此汪猷与化学结下了不解之缘。1927年考入金陵大学工业化学系。1931年毕业，获理学士学位。由于他历年学习成绩优秀，获得斐托飞学会金钥匙奖的荣誉，毕业后由学校推荐到北平协和医学院作研究生，后转作研究员。跟从我国著名生物化学家吴宪先生，研究性激素的生物化学。他首先使用了问世不久的瓦堡微量呼吸器测定男性激素对正常鼠和阉鼠的各部器官的影响。在名师指点下，汪猷的研究才华脱颖而

德意志的思想圣地——慕尼黑大学

出,深得吴宪的器重。1935年8月,汪猷作为中国生理学会代表团成员与吴宪等参加了在莫斯科举行的第十五届国际生理学大会。这是汪猷第一次去国外参加大型国际学术会议。他见到了不少仰慕已久的国际生理、生化界大师,如巴甫洛夫和胰岛素发现者班丁等。这使他下决心奋发图强,希望日后跻身于国际著名学者之列。大会结束后,汪猷赴德国慕尼黑大学,在著名化学家、诺贝尔奖获得者维兰德指导下当研究生。

莫斯科一景

在维兰德及其助手唐纳指导下,汪猷从事不饱和胆酸和甾醇的合成研究。找到了甾环内引进共轭双烯的改进方法,合成了胆甾双烯酮和胆甾双烯醇。1937年冬,汪猷获慕尼黑大学最优科学博士学位。1938年秋,他又去海德堡威廉皇家科学院医学研究院化学研究所任客籍研究员。在著名化学家、诺贝尔奖获得者库恩指导下进行藏红素化学的研究,合成了十四乙酰藏红素。这是当时分子量最大的有机化合物。在国内外名师和著名学术机构的优良学风的薰陶和严格训练下，汪猷养成了严肃、严谨的学风和勇于创新的精神，这对他以后的事业产生了极其深远的影响。

1939年春，汪猷离开德国转赴英国。在伦敦密特瑟克斯医学院考陶尔生化研究所陶慈的研究室任客籍研究员，从事雌性激素类似物的化学合成研究。当时的欧洲战云密布，我国也正遭受日本法西斯铁蹄的蹂躏。汪猷怀着振兴祖国科学事业的强烈愿望，毅然放弃国外优越的研究条件和物质生活，于1939年8月回国。在协和医学院先后任讲师、助教授等职。除讲课外，他的大部分时间继续在吴宪指导下从事甾族性激素的化学研究，包括孕妇尿中甾三醇葡萄糖苷排泄量的测定和中药当归有效成分及药理作用研究等。

献身抗生素事业

1942年4月，汪猷进入上海丙康药厂，担任厂长和研究室主任。这是一家小药厂，主要生产针剂、止咳润喉糖之类。当时上海沦陷、视听闭塞。1944年他偶然获悉国外发现了一种从霉菌里培养出来的抗生素，激起了他对新学科的研究渴望。他刻苦学习微生物学、发酵等方面的知识，决心在中国开拓抗生素研究的道路。汪猷对霉烂的桔子表面的烂毛发生了兴趣。经过几年研究试验，克服种种困难，终于分离得到了一种抗菌物质桔霉素。1947年汪猷的论文"桔霉素"发表于美国《科学》杂志。国内"大公报"等报纸报道了他研究成功桔霉素的消息。美国一家通讯社也做了报道。但是汪猷的才华和研究成果并未得到药厂厂主的赏识，汪猷于1947年8月愤然离开丙康药厂。

1947年9月，汪猷借用中央研究院医学研究所筹备处的两间原病

德意志的思想圣地——慕尼黑大学

理和尸体解剖实验室，同两位自愿从丙康药厂退职跟随他的助手继续进

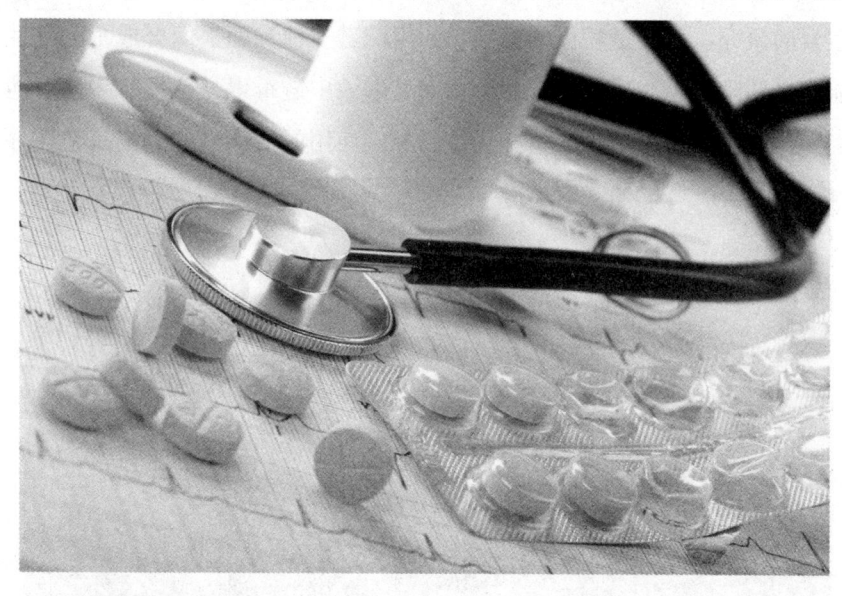

抗生素类药物

行桔霉素的研究。当时他本人没有工资和报酬，汪猷一家的生活十分拮据，但他对清贫甘之如饴，刻苦努力，埋头研究。在助手的合作下，桔霉素的化学及其抗菌作用的研究未曾中断。后得到林可胜、冯德培的支持被聘为医学研究所筹备处的研究员。

中华人民共和国成立后，由于国家对科学事业的重视，大大激发了汪猷对振兴祖国科学事业的热情，他的研究生涯进入了黄金时期。上世纪50年代是抗

离子交换树脂

华人风采

生素研究的鼎盛时期。随着医疗保健事业的发展，迫切需要大力开展抗生素的研究。汪猷是积极的倡导者和组织者。他和助手们合成了几种性能优良的阳离子交换树脂，用于提取发酵液中链霉素与碱性抗生素。他们大胆地提出用离子交换树脂法代替当时使用的活性炭的分离工艺，并

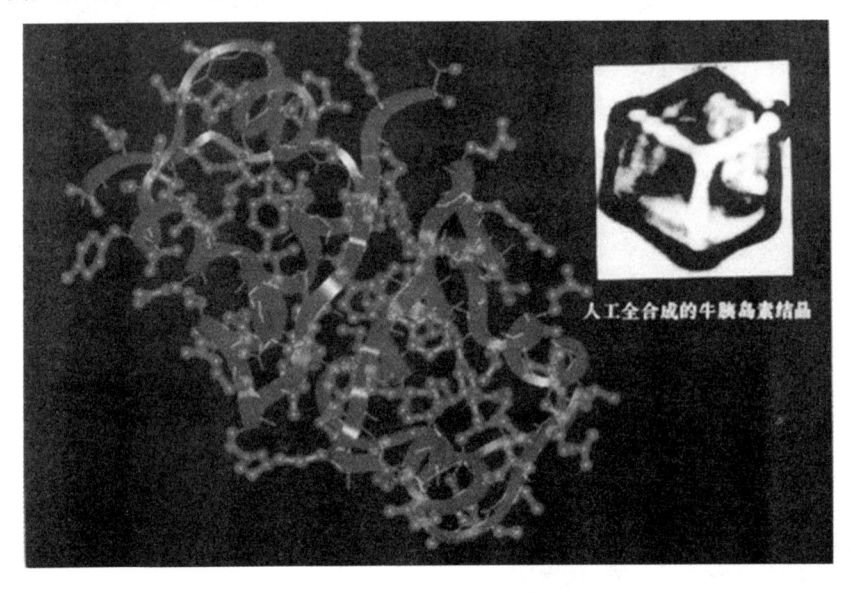

人工合成牛胰岛素结晶

多次深入生产现场，指导和帮助解决生产工艺问题，汪猷不仅重视生产中的实际应用课题，也不忽视学科中的基础理论研究。他和同事们在研究链霉素的立体化学中纠正了美国著名碳水化合物专家、链霉素结构的测定者沃尔弗浪姆等提出的链双糖胺B苷键的结论，确证为α苷键。

从20世纪60、70年代开始，汪猷先后开展了生命基础物质——蛋白质、核酸、多糖的研究以及有机催化、生物催化、石油发酵和单细胞蛋白生产，模拟酶化学，生物合成等研究。他的研究活动几乎包括了这一时期我国生物有机化学的全部内容。这些研究都以出色的成果载入了

我国有机化学发展史册。

汪猷有着为祖国科学事业彻底献身的精神，多少年来，他总是早起晚睡，每天都工作到深夜，科学研究就是他的全部生活。对研究工作刻意求新、求精的精神是他治学态度的又一特点。他大胆、积极地采用新方法、新技术。1965 年 9 月，在汪猷负责下，我国在世界上首次人工合成了结晶牛胰岛素，它是第一个全合成的、与天然产物性质完全相同的、有生物活性的蛋白质。胰岛素的分子组成和结构是 1955 年英国科学家桑格尔阐明的。虽然此后各国科学家都开展了胰岛素人工合成的探索，但由于胰岛素结构复杂、合成工作量繁复浩大，直到 1958 年英国《自然》杂志还断言"人工合成胰岛素在相当长时间里未必会实现。"可是，在这场世界性的科学竞赛中，中国科学家领先了，我国得到了人工合成的结晶的牛胰岛素。这一举世瞩目的成果博得了国际科学界的高度评价。

正直高尚的共产党员

汪猷为人正直，品德高尚，言行一致，身体力行，宽以待人，严以律己，绝不谋一己私利。"文化大革命"中汪猷被诬陷，身处逆境，仍坚持原则，拒不承认强加于他的罪名，也丝毫不说假话。他默默地忍受着"文化大革命"遗留下的巨大创伤，并不鸣冤叫屈。在他复任上海有机化学研究所所长后，他一如既往，宽厚待人，从不计较私怨。粉碎"四人帮"之后，组织上着手解决一部分高研人员的住房问题，有一套较理想的房子，组织上打算让汪猷搬进去，汪猷婉言相谢说："我的住房已经可以了，我年纪已大，也住不了多长时间，还是给别的同志。"他把较好的住房让给了另一位高研。

汪猷克己奉公、公私分明。他每年的外事活动、学术交流、外出开会频繁。凡是私人用车、复印资料坚持自己付款，外事活动中凡以个人名义请客送礼或邮寄年历等费用，从不向公家报销。相反，出国访问或参加国际会议，他尽可能地节约伙食、交通费用，把省下来的钱包括在国外作学术讲演所得酬金为研究所添置打字机、幻灯机，购买急需的试剂等等。实行奖金制度以来，无论是论文稿费、研究成果的奖金、月度奖、年终奖等等，他都分文不受。甚至连《化学学报》的主编费、审稿费也统统交给编辑部。他认为他所有的成果都是依靠大家的努力，功劳是大家的。汪猷就是这样一位严以律己、不谋私利的优秀学者。

汪猷于1961年加入中国共产党。他热爱党，维护党的威信，拥护社会主义。自1959年至1987年，他曾被选为第二、三、五、六届全国人民代表大会的代表。1986年汪猷被评为上海市优秀党员。他时时以共产党员的高标准严格要求自己，他的一言一行，严格地履行着他入党时立下的誓言"我决心争取做一个光荣的中国共产党党员，忠实的马列主义信徒和实践者，党的革命事业的先锋。"

在半个多世纪的研究生涯中，汪猷始终站在有机化学发展的前沿，在生命基础物质的研究以及其他天然产物化学的研究方面取得多项成就，为我国有机化学的发展做出贡献。

为有机化学事业的发展再做贡献

汪猷是我国有机化学家的杰出代表。这不仅由于他在有机化学研究工作中取得重大成就，还由于几十年来他为国家培养、组织了一支训练有素、学有所成，能承担重大科研课题的队伍，建设了有机化学研究基地。

自1952年汪猷被调入中科院上海有机化学研究所后，相继任副所

长、代理所长、所长、名誉所长。他把全部精力倾注于有机化学研究所的成长和发展。毕生追求就是振兴中国的有机化学事业，进而推向世界先进水平之列。

汪猷根据我国有机化学研究的实际状况和有机化学发展的规律提出有机化学研究所体制、专业设置的"二经二纬二辅助"的方针，二经是有机合成化学和物理有机化学；二纬是天然有机化学和元素及金属有机化学；二辅助是配合全所研究工作，建立分析化学实验室和生物化学实验室。随着电子计算机技术的迅速发展，1973年，汪猷又及时提出建立计算机化学实验室。有机化学所有着雄厚的有机合成研究力量，但77年代前没有一个专门的研究室从事物理有机化学的研究。1973年汪猷提出建立物理有机化学研究室组织从事有机化学中理论问题的研究。汪猷在执长有机化学所的数十年间，带领全所人员积极承担国家下达的应用研究课题的同时，鼓励科研人员勇于进取，努力开展基础性研究，勇于开拓新学科、新领域。

汪猷十分重视人才的培养。作为主管业务的所长，他深知建设一支具有真才实学、勇于探索的精兵强将对于科学事业的重要性，20世纪50年代开始，汪猷亲自主持制订全所科研人员的业务学习计划，使他们较陕地掌握了最新的有机化学基础理论、分离技术、立体化学、等知识。他还多次亲自为本所专业外语及文献阅读辅导班、有机化学微量操作短训班、有机化学实验班、德文训练班授课。1955年起招收研究生，至1965年汪猷共培养研究生7名，还培养了一批在职科技人员。汪猷注重培养学生的独立工作能力、扎实的基础知识和认真、严谨的研究风尚。汪猷博闻强记。他能熟练使用英、德两种语言，能阅读法、俄、日文献，谙熟中外科学史中的典故、轶事，他常借这些故事教诲他的助手和学生，指点成才之路。

走进科学的殿堂

汪猷爱护青年，提携后学。1984年他主动退出了所、室领导岗位，放手让中青年化学家去挑担子。他说："中青年思想敏捷、精力充沛，以中青年更新老年，必然有利于科学技术的开创和发展。当然老的科技工作者有更成熟的经验，更丰富广博的学识、见闻、思虑，但体力日衰、反应渐钝的自然规律是不可抗拒的。老科学工作者应该主动地、有意识地、实事求是地培养青年接班人。"

改革开放以来，汪猷积极为研究所的业务骨干的出国进修、留学创造条件。他根据研究所的专业设置方向、学科发展趋向，有计划有重点地派遣科研人员，让他们到国外学习先进的科学技术，回国报效祖国。